女房在りて、この亭主在り

―妻に伝えたい感謝の言葉―

いかしあい隊　編
牛久保洋次　監修

装画「ダリア」に寄せて

自然の物を描いていると、いつも不思議な感覚に包まれます。自らが描いているのでなく、何かに導かれて、ある場所に辿り着くような感覚です。

何も描かれていない白い画面の中に、既にその花はあり、私はそれに線を与えるだけです。

ダリアの花言葉は「感謝」「豊かな愛」「威厳」。

力強く、清廉な「ありがとう」の花です。

英之助

序文

加瀬　英明

夫婦は互に相手を創りあう、人生の作品である。

たまに、稀に見る見事な作品に出会うことがある。そのような二人は、まさに人生の偉大な作家である。

睦み合っている、鴛鴦《おしどり》のような夫婦に会うと、心が暖まるものだ。

世界のなかで、日本ほど女性を尊んできた国はない。

歴史を通じて、女性のほうが優ってきた文化であってきた。日本の発展は、太古の時代から女性の力によって、支えられてきた。

世界の主要な神話のなかで、最高神が女性《にょしょう》であるのは、日本だけだ。天照大御神は女神だが、朝鮮の檀君、中国の天帝、インド神話のビシュヌ神、シバ神、ペルシア、メソポタミア、エジプトや、ローマ、ギリシア、北欧のオーディーン神話、ユダヤ・キリスト・イスラム教の最高神は、男性神だ。

日本では、母堂といっても、父堂という言葉がない。母衣《ほろ》は鎧《よろい》の背に負って矢を防ぐが、戦場に立つ時に、母によって守られる想いがあったにちがいない。乳母車や、貨車のほろの語源となっている。

英語、ドイツ語には、祖国を指して「ファーザーランド」「ファーターラント」（父国）という言葉がある。フランス語になると、母国がなく、父国である「ラ・パトリ」しかない。

夫婦を夫を先に置いて、「めおと」と読ませるようになったのは、江戸時代に入って、男が上位の社会になって、空《か》ら威張りするようになってからのことだ。しかし、どうして、夫婦を「めおと」と読むことができるものだろうか。

それ以前は、女性が優っている国だから、妻夫《めおと》と書いたものだ。女男《めおと》ともいった。今日でも、和船に用いられている釘は、両端がとがっているが、女夫釘《めおとくぎ》と呼ばれている。

私は睦まじい夫婦と会うたびに、中唐の詩人であった白楽天が、男女の深い契《ちぎ》りを、「天ニ在ッテハ、願ハクハ比翼《ひよく》ノ鳥トナリ、地ニ在ッテハ、願ハクハ連理《れんり》ノ枝トナランコトヲ」とうたったのを、思い出す。比翼の鳥、連理の枝は、相思相愛の男女の極致をあらわしたものである。

比翼は番《つがい》の鳥が翼を重ねて、空を駆けていることで、連理は木の幹や枝が、わきの木の幹や枝ともつれあって、連なることである。

私は妻には春風《しゅんぷう》をもって接し、己を秋霜《しゅうそう》をもって、粛《つつし》まなければならないと戒め、愚妻には夫の気持ちを春の風のように温かくし、自分にいつも厳しく、秋の霜のように心を引き締めるように、諭してきた。

もっとも、私も、妻も、いまだにそのような仙境に達していない。

比翼の鳥、連理の枝となるのは、難しい。

だが、人生は目標をもつことが、必要だ。

かつて船乗りは、広大な海を渡るのに、天空に輝く北極星をひたすら目指して、航海した。

もちろん、北極星にたどり着くはずはなかったが、目的とする港に入ることができた。

目標は、手に届かないところにある。人生では理想に達することはできないが、理想を追うことが大切である。

みなさんも、ぜひ、日本一の妻夫《めおと》となってほしい。

目次

ありがとう、女房　青山綜合会計事務所　代表パートナー　公認会計士・税理士　粟国正樹　12
働き詰めでここまできた女房アキ子　株式会社ペッパーフードサービス　代表取締役　一瀬邦夫　16
マイ ディア ワイフ　株式会社いのうえやす　代表取締役　井上純　20
アクセルとブレーキ　株式会社アイダックデザイン　代表取締役　上田宏樹　26
ふみさんと結婚してよかった　ドリームムービー株式会社　代表取締役　上田寛　30
支え　株式会社プロッソ　代表取締役　牛久保潔　36
初心《うぶ》への還り方　江夏画廊株式会社　代表取締役　江夏大樹　40
ありがとう女房　株式会社新起　代表取締役　太田明男　44
いつも陰ながらのサポート感謝しています。　岡田尚之　48
親愛なるまーちゃんに日頃の感謝を込めて　株式会社メイクブイ　代表取締役社長　尾形達也　50
こんな家内に感謝！　株式会社ニュートン　代表取締役社長　荻野勝朗　54
私の一番の応援者　株式会社コムネット　代表取締役社長　荻原純一　58
嫁には言えないあのときの、ありがとう。　株式会社グリーンベル　代表取締役　葛西宣行　62
感謝の気持ちを手紙に込めて　株式会社キーマン　代表取締役　片山実　66
女房、ありがとう。　川口博事務所・元衆議院議員　川口博　70
かみさんのありがたさ　ライフバンク株式会社　代表取締役社長　川西こうじ　74
いつもありがとう、我が女房　シティコンピュータ株式会社　代表取締役　川原純行　80

家内あっての私　株式会社オーパス　代表取締役社長　河村健次郎　84
桜の季節になると思い出すこと　よつばコンサルティングＣＥＯ 公認会計士・税理士　神門　剛　88
僕の成功は、旬子さんのおかげ　株式会社トーイズ　代表取締役　北原照久　92
ありがとう女房　弁護士法人ベリーベスト法律事務所　事務局長　木村秀朝　96
智ちゃん少し休んでね！　ピースフル社会保険労務士事務所　代表　工藤一樹　98
あなたに出会えた幸運　はる総合法律事務所　弁護士　隈部泰正　102
弘美と共に歩いた二十六年間に感謝!!　株式会社銀蔵　代表取締役社長　香坂伸治　106
あなたは夢を叶えられる人　外資系生命保険会社のセールスコーチ　後藤　光　110
「信頼」「希望」「愛」を共に～幹子さん、ありがとう　東京リライアンス株式会社　取締役会長　齋藤勝幸　114
妻のやさしさ　酒田隆浩　118
☆主人の遺志を継いで、頑張っていきます　株式会社月の井酒造店　代表取締役　坂本敬子　120
申し訳ない、と言いたいほど、最高に出来た女房です　株式会社ＩＭＵＨ　代表取締役　佐藤央希　124
有り難い。こんな環境に感謝！　株式会社いかしあい隊　代表取締役　白根斉一　128
本当に感謝しています　株式会社地域貢献社　代表取締役　鈴木理志　132
妻へ　株式会社コンサルデュース　代表取締役　鈴木雅之　136
わが女房はパートナー　エリート・ウインズ株式会社　代表取締役　鈴木レオ　140
本当の愛妻家になるということ　ＳＢＣリアルター株式会社　代表取締役　角　弘道　146
妻の笑顔が全てを照らした！　三喜屋珈琲株式会社　取締役　園田章雄　150

最愛の妻に感謝！　株式会社 ASTO System　代表取締役　高尾　哲　154
そばに居て欲しい人　ビジネスコンサルタント　高倉　豊　160
結婚という名の投資　株式会社アサボウ　代表取締役　鷹野健太郎　164
神様と女房　株式会社アバンダイフ　代表取締役　高橋秀樹　168
今の自分があるのは妻のお陰です。　高橋　伸　172
平凡で平和な家庭　ダイヤモンドメディア株式会社　代表取締役　武井浩三　174
大きな子ども　株式会社田沢重量　代表取締役　田澤輝一　178
JC活動を黙って支えてくれたうちの奥様！　ライロ株式会社　会長　未来創生倶楽部　会長　田辺眞一　182
ありがとう。我が通産大臣。　田辺総合法律事務所　弁護士　田辺信彦　186
ついて来てくれて、ありがとう　MovingShop株式会社　代表取締役社長　丹下正一　190
心から妻に感謝！　イトキン株式会社　営業本部　営業担当課長　辻村真一　194
ありがとう。我が女房　株式会社ツナシマ　代表取締役　綱島正寛　198
☆ありがとう、あなた（夫へ感謝を込めて）　株式会社壱頁　代表取締役社長　常山あかね　202
妻が私に与えてくれるもの　シリウス総合法務事務所　代表　寺内正樹　206
いつも、支えてくれてありがとう。　株式会社エクセレント　代表取締役社長　中丸　武　210
妻の明るさで乗り越えてきました　株式会社ウィンコーポーレーション　代表取締役　中村真一郎　214
二度のターニングポイント、そのとき妻は　株式会社アドビジョン　代表取締役　成田　聖　218
妻に対する感謝　元科学警察研究所　交通科学 部長　西田　泰　222

私の自慢の妻　文京区議会議員・プロレスラー　西村 修　226
男冥利につきる結婚生活　株式会社東急文化村　代表取締役副会長　西村友伸　230
ネタモト・タカコ　テレビ朝日「ワイド！スクランブル」キャスター　橋本大二郎　234
「ありがとう。我が女房」　セレンディピタススペース　代表　長谷川吉孝　240
ありがとう・・・女房　株式会社スイシン　代表取締役　畑元 浩　244
感謝というより尊敬に近い妻への想い　株式会社アスモ　代表取締役　花堂浩一　248
妻の偉大さと優しさ　株式会社ライフワン　代表取締役　花山啓太　252
ともによい未来をつくっていこうね！　株式会社TLJ　代表取締役　樋口和秀　256
ありがとう！かみさん　株式会社Sales of soul　代表取締役　平野智章　260
ありがとう、そしてこれからもれも　八州工業株式会社　代表取締役　平間誉弘　264
一緒にいるだけで楽しい毎日　GREEN DESIGN WORKS　代表　平山優樹　268
今まで色々な危機を乗り越えながら家庭を支え続けてくれて本当にありがとう。　株式会社センチュリー21・ジャパン　常務取締役　藤井誠之　272
ありがとう女房！　株式会社フジ総合鑑定　代表取締役・不動産鑑定士　藤宮 浩　278
これからもお互い頑張りましょう　GOOD EARTH株式会社 代表取締役社長　藤原宏宜　282
まだまだこれからやで〜！　司法書士法人A．I．グローバル　代表社員　本多正克　284
ありがとう女房　株式会社ヴァリュークリエイト　CEO　前田庸行　288
妻への感謝状　マックスプロジェクト　お笑いプロデューサー　松稔（松下信幸）　292
バツイチ夫婦の珍航海記　美術家・株式会社アクエリアス　代表取締役　松田靜心　296

一度の人生～野望に挑戦できたのも、女房のおかげです。　モトアキ工芸　代表　本明　勝　300
あなたの支えがあればこそ　ボタニック・ラボラトリー株式会社　代表取締役　森山晃嗣　306
復活すると信じてくれたことに感謝　モバイオ株式会社　代表取締役　八木秀明　308
ありがとう、我が妻　柳内伝統音楽院　主宰　柳内調風　312
敗者復活の手紙　女房と歩んだ四十九年　株式会社潮流社　代表取締役　矢野　弾　316
人生の「共」に感謝　株式会社日本マイケル　代表取締役　山崎康晴　320
『親愛なるあなたへ』　株式会社クレディセゾン　常務取締役　山下昌宏　324
懺悔の日々！　感謝の日々！　株式会社メディカルサーバント　代表取締役会長　山中孝市　328
女神と天使　株式会社M's club　代表取締役　山本修義　332
神頼み、妻頼み　マイベストサポート　代表　吉田　学　336
あなたと出会えたことに感謝！　株式会社わくわく製作所　代表取締役　吉原三夫　340
親愛なる妻へ感謝を籠めて　株式会社エクシード　代表取締役　渡邉勝之　344
あとがき　「最後だとわかっていたら」　348

掲載順は、氏名のアイウエオ順です。
☆は、ご主人への感謝の言葉です

イラスト／英之助

女房在りて、この亭主在り

――妻に伝えたい感謝の言葉――

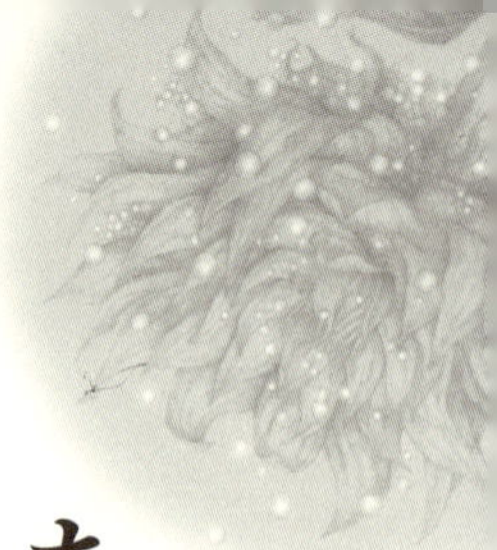

ありがとう、女房

青山綜合会計事務所　代表パートナー　公認会計士・税理士　粟国 正樹

仕事で遅くなったある日の深夜、自宅マンションにたどり着きふらふらしながら玄関ドアを開けて一歩踏み入れた瞬間、私の顔面とふくらんだ腹が何かにぶつかり私は思わずよろけました。暗闇で目を凝らして見るとそこにはバリケードの如く、靴棚が置いてありました。なんとか体勢を立て直し、リビングルームでＶＡＩＯの液晶ディスプレイに大きく「バカ」と書いてあるのを目にしました。油性マジックで・・・思わず深夜にも関わらず大笑いしてしまいました。

何が原因だったか忘れましたが、妻と数日口をきいていない日が続いた後の週末、自宅で押し黙ったまま昼食のオムライスを食べようとテーブルについたところ、オムライスの表面にケチャップで、怒りの顔文字が書いてありました。ｏ(｀ω´)ｏ

その時は笑ってしまっては面目ないと思い、必死に我慢しましたが抑えることができず、しかも手で口を強く覆っていた関係で鼻水が吹き出し、オムライスの表面は、o(-o-)o　こうなりました。今から十年ほど前、私が三十代半ばで双子が生まれたばかりのころ、忙しい日々が続き毎晩のように午前様でした。妻は私と違ってやるべきことを妥協しないので、子育てにも一向に手を抜くことなく、それこそ一度に二人生まれた子どもたちそれぞれに深い愛情を注いでいました。そのことを分かっていながらも仕事の忙しさにかまけて私はなかなか家庭を省みることができず、妻がときどき爆発するのはまったく当たり前のことです。私も大人気なく苦し紛れに口答えをするのですが、いつも妻の主張は極めて正論でものの数分で言い負かされてしまいます。少し時間が経つと、やはり妻の言っていることが尤もだ、間違っているのは自分だ、といつも思うのです。しかも前述の通り妻の「笑える攻撃」によって何か事態があっけらかんとなってしまい、明らかに私は妻には完敗です。そうやって結婚してからの十五年というもの、学びと悟りの道を極めてゆっくり歩んでいます。

　私は沖縄生まれからなのかB型だからなのか、それとも遺伝なのかは分かりませんが、何事にも抜けが多いのです。頼まれたこと話したこと大きく抜けます。一旦仕事に出かけてしまうと、モードが変わってしまい家庭のことを脳のどこかにしまいこんでしまう悪癖があります。開き直るわけではないのですが、自分でもいつ何が抜けるかがわからず困ったものです。しかし妻はどんな時に私が抜けるのかはっきりとわかるようで、ここぞというタイミングで電話やメールで連絡を入れてきます。

特に妻から良く指摘を受けるのは、「礼節」です。季節の贈り物をいただいたとき、旅先でお世話になったとき、食事をご馳走になったとき、最近でこそそんな時の御礼のご連絡から朝が始まるような立場になっていますので、だいぶ学習は進んでいる（と思っている）のですが、一晩寝てしまうとスコンと抜けてしまうことが少なくなく、何度妻に助けてもらったかわかりません。妻は気軽に人に声をかけたり声をかけられたりという機会が多く、幼稚園や小学校の親御さんたちの間でも多くの人と交流があるようで、妻はどの派閥にも深入りせず、かといって一人浮くようなこともなくいろんなグループから声をかけられます。こういうことは頑張ってできることではないので天性のものなのでしょう。

その流れで妻から幼稚園のお父さん有志の集まる「応援団」に入ることを勧められ、それまで仕事ばかりの関係だった私も運動会でエイサーを踊ったり、地元の居酒屋で酒を酌み交わしたりといった新しい交友関係ができました。これが偶然にも、いま仕事でも大変お世話になる関係に発展したりしています。これも妻のお陰でしょう。

妻とは二年ほどの交際の後結婚したのですが、私の段取の甘さが原因で母親と妻の関係をうまく作ることができませんでした。妻も相当いやな思いをしたはずなのですが、それでも盆暮れ正月子どもたちの誕生日などは私の親に連絡を入れてくれたり、親にプレゼントを用意したりといったことをしてくれました。一方で妻の両親はいつも私に気をかけてくれ、時には私に怒る妻をなだめ、夫として未成熟な私を諭してくれました。そんな妻の両親と私のような良好な関係にまでは至りませんでしたが、五年半前に突然母が他界するまでの十年間、妻の努力と忍耐によって徐々に関係は良くなっていきました。母がもう少し長生きしていたら妻ときっといい関係になったのではないか、そう思うこともあります。私自身、夫として男として大人としてかなり欠陥品であります。ただでさえ双子の母親として負担のかかる状況なはずなのに、そんな男の面倒を見なければならない妻は本当に大変だと思います。それを感じながらもついつい妻に頼ってしまう私は、せめて「いつもありがとう。君のお陰でなんとか生きていける。」と直接伝えなければならないのですが、まずはこの文章に託したいと思います。

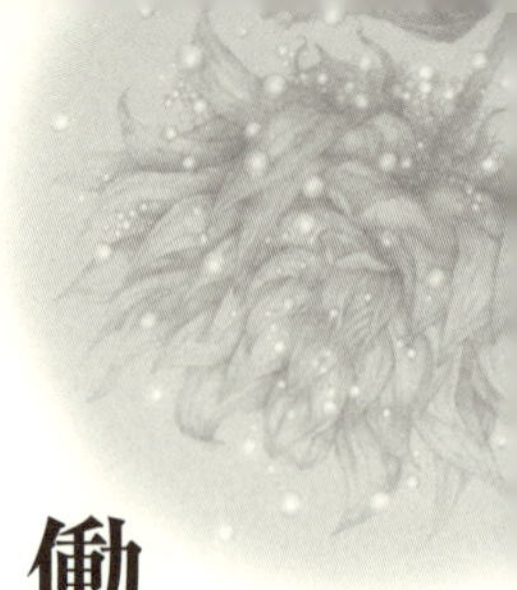

働き詰めでここまできた女房アキ子

株式会社ペッパーフードサービス　代表取締役
一瀬 邦夫

昭和45年、私は独立を果たすことができた。

当時、6畳一間のアパートに母と二人きりで生活をしていたが、ホテル勤務の私に母からの一言が私の運命を決定付けたと言ってもいい。その一言とは「邦夫、いつまでも人に使われてたんじゃ埒が明かない」であった。

その頃、私には、交際中の女性がいた。彼女の名はアキ子。27歳である私は、一つ年下のアキ子と結婚を決意する事を急がせたのは、この母の言葉が大きく影響を与えていることは、間違いのない事実であった。アキ子は、サラリーマンと結婚したいとの希望を持っていたが、私の願いを聞き入れてくれた。私達は結婚式を挙げ、新婚旅行から帰ると二人きりで、直近に迫った小さな飲食店の開店準備に追われる毎日だった。

その飲食店の名前は「キッチンくに」。皆様の台所となることが、店のコンセプトであったと言ってもいい。2月に開店、その年の12月には、長女誕生、その翌々年の昭和47年6月に長男が誕生した。働き者の妻は、二人の生まれる臨月にあっても、突き出たお腹の正面で出前箱を支えて、両手でバランスを取りながら近所の出前を引き受けてくれた。それも嫌な顔ひとつせずにいつも笑顔を絶やさない人柄にアキ子のファンが大勢いた。アキ子の出産時、12席の店内では、私の母が大活躍してくれた。この創業時、子供をもうけることができたのも、アキ子の根性と母の慈愛によって支えられ、それから40数年の月日が経過、二人の子供は私の会社で働いている。

このアキ子に本当に辛い思いをさせてしまったことがある。創業から9年経過、12席ではじめた店も4階建の65席を有する自社ビルを持つまでになっており、その頃の私は一念発起して外食の猛勉強をはじめていた。ある日、私の師と仰ぐコンサルタントからの一言を真に受けてアキ子を悲しませる暴挙に出てしまった。

その先生曰く「奥さんが会社をダメにする」の理論を展開し、私も心からその説に心酔して、共に困苦を乗り越えて、ここまで築いてきた店から外す暴挙を実行してしまった。又、先生は「めんどりが吠えると家が滅びる」の説も、講演等で大聴衆を前

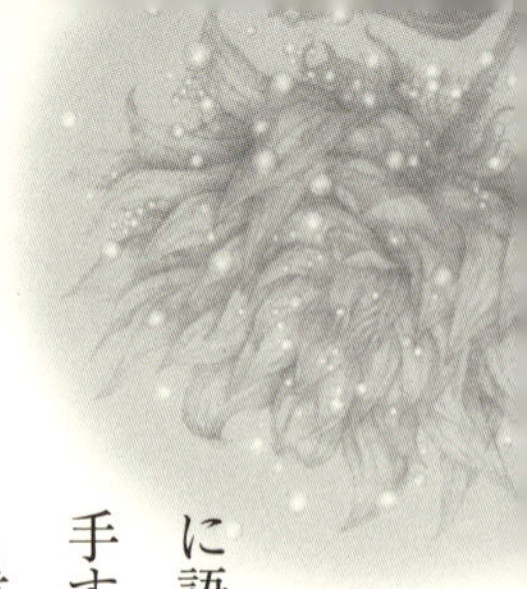

に語られていた。先生は、社長（店主）が一生懸命に経営の勉強して、店の改革に着手すると片っ端からそれを否定して言うことを聞かないのは、先ず共に働く奥さんだと言われていた。私もそう思うことが確かにあった。店を会社を真に成長させたければ「奥さんは店に出してはダメだ」と言われた。閉店後、二人きりになった時「もう、店の仕事はしなくてもいいよ」と切り出した。到底、この話が理解してもらえるわけはない。翌日も、その又次の日も、何度言っても私の言うことを聞こうとしない。業を煮やした私は、強引に仕事に着くのをやめさせた。

あとで思えば、創業からここまで、アキ子 の居場所はいつも店の中、アキ子の団欒も店の中、こんな環境で働き詰めでここまできた女房のアキ子は、誰もいない自室で一人泣き明かす日々が続いた。ある日のこと、自室にアキ子がいない。でも深夜になると帰宅する日が数日続いていた。アキ子の朝は早い。そうは言っても朝の掃除からランチだけは手伝ってくれる毎日だった。相変わらずランチ終了後、出かけるアキ子が何処へ行くかを知らせてくれたのはパートの方からだった。日に日に目に見えて、顔色が変わり疲れが極限に来ているのを感じた私は、アキ子の行き先を知ることができた。なんと、銀座の寿司屋で働いていることを突き止めて、私はご主人に事情を話して、その勤めをやめさせた。

ご主人がアキ子を大いに褒めてくださった。何か事情があると感じていたそうで「やめられるのは、残念です。でも仕方ありません」と言って頂き、一緒にその寿司屋さんを後にした。そして、車中で真っ先に、私のとった仕打ちを詫びた。そして、心配してくださっていた常連のお客様もアキ子の復活した笑顔を喜んで下さった。

その後、先生も日本全国で同じ様なことが起こっていることをお知りになってか、その持論を撤回し真逆の指導方針に成られたことを知るのに時間はかからなかった。

今でも忘れないアキ子の言葉。「お父さん、お寿司屋さんって儲かるわよ。だって、煮たり焼いたりしないもの」お寿司屋さんに怒られるかもしれないけど、夜だけ、それも数日だけ勤務のアキ子の率直な感想であった。

誰からも好かれる明るいアキ子に、心から〈ありがとう〉の言葉を添えて感謝の気持ちを伝えたい。

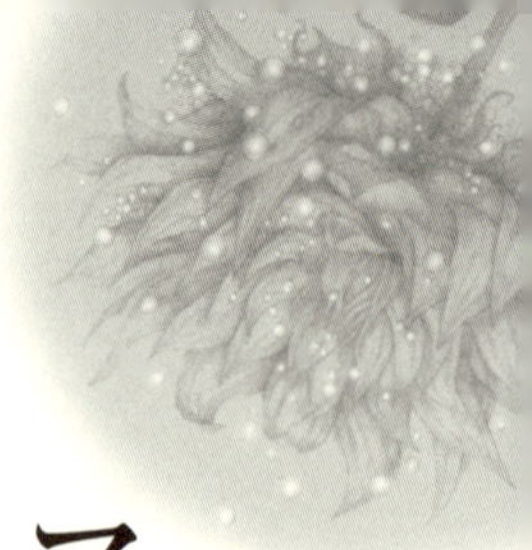

マイディアワイフ

株式会社いのうえやす　代表取締役
井上　純

「おーい、おかーさん」。何万回この言葉を言っただろうか。結婚して早二十九年、共に喜び、悲しみ、悩み、ケンカもよくしたなぁ。子供の事、親の事、仕事の事・・・。

いろいろありました。私、六十三才、妻、五十九才。小さな会社を数人の従業員と共に営んでおります。主な事業内容は、玩具及びノベルティー商品の製造卸です。

中国での製造が主ですが、国内製造も一部行っております。九割は、ＯＥＭになどの商売で、オリジナル商品はごく一部で、簡単に言うと下請企業ということになります。私の現在までの仕事の経緯をもう少し記したいと思います。

私は二代目で四十年前にあることがきっかけで、父の会社を継ぐことになってしまいました。四十年前、私はアメリカのアーカンソー州にある小さな田舎町の大学に通う学生でした。一九七五年、やっとのことで卒業が決まったのが、渡米して丸二年後の二十四才の時でした。皿洗い・工事現場での肉体労働・レストランでのウェイターの仕事・桃園での草刈り仕事等々、あらゆるアルバイトをしながら、人種差別の風潮が他の地域に比べ比較的色濃く残っていた地での生活でした。

大学での卒業式を明日に控えての前夜、それまで二年間、手紙のやり取りこそ有りましたが、一度も東京の家族から電話が架かってきたことなどなかったのが、母からの国際電話での父の急病の知らせでした。心臓発作で倒れたということでした。卒業式には一応臨んだものの、頭の中は、ひょっとしたらという思いで、居ても立っても居られないという心境でした。気が付けば二日後には、帰国の途についていました。

当時は、羽田が唯一の国際空港だったので、羽田に着くや否や、一直線で電車に飛び乗り、実家に向かいました。車中の時間があれ程長く感じたのは、未だかってありません。病院に到着し、ベッドの上の小さくなった父の姿を見た時には、とても厳しかった父が妙に優しげに見え、生きている父に会えたことで、今まで張り詰めていた緊張の糸が一気にほぐれ、ほっとした感じと同時にどっと疲れた感じが一挙に来たのを今も鮮明に覚えています。

その時に、父に向かって最初に私の口から出た言葉が「おやじ、帰ってきたよ。いい顔してるじゃないか。大丈夫、後は俺が何とかするから、心配しないでいいよ。」でした。父とそばにいた母を思わず安心させようと言った一言が、自分自身の歩く道を決めてしまう結果となったわけであります。

当時、創業者の父の会社は、日本の高度成長期の流れに乗り、順風満帆でありましたが、一九七一年のドルショックから一九七三年のオイルショック等、一連の影響を受け、従来の本業である輸出向け玩具・雑貨の製造卸の仕事が激減し、従業員も一人辞め、二人辞め、父が倒れた時点で、従業員は全員居なくなっていた状況でした。残ったのは、不安顔の母と当時学生の弟だけとなっていました。仕事はないが、借金はあるという様な、笑うに笑えない事態に一瞬頭が真っ白になってしまったことをはっきりと記憶しております。

あれから早四十年が経ち、父も母も他界した今、家族五人、人並みの生活を送ることが出来ていることにまず感謝であります。今現在の私の会社の業務としては、冒頭にも述べたように海外生産及び輸入の仕事が主なので、父の時代の商売とは正反対のものとなりましたが、いわゆる商売の基本はいつの世にも普遍だということを教えてくれた父と母に感謝しつつ、日々の仕事を出来るだけ楽しく精一杯やらせて頂いております。

さて、本題の我が女房についてお話したいと思います。実は、私は二十九才の時に諸事情により一度結婚に失敗しております。離婚後、当時しばらく再婚については大変消極的になっており、仕事に没頭する日々が続いておりました。離婚して五年が経過したある時、弟の嫁の姉の紹介で、今の女房との運命的な出会いがありました。彼女は、三兄弟の末っ子の長女でした。第一印象は、ショートカットの髪形で少々無愛想な感じで、一目惚れというものではありませんでした。

実家は、海と山に囲まれたアウトドアーが好きな私にとっては羨ましいところで、時の流れがゆったりとしていて、自分が生まれ育った東京の下町とは真逆の環境がたまらなく新鮮に感じたのは言うまでもありません。東京と富山の、今で言う遠距離恋愛の始まりでした。月に一度程度のデートしか出来ませんでしたが、久々のワクワク感で仕事も日々の生活もなんだか楽しくて、ウキウキ感でいっぱいだったのをはっきりと覚えています。

そんなこんなで一年が過ぎたある日、彼女が東京に来た時に、意を決してついにプロポーズをしたのでした。が、しかし、その場での返事はもらえず、しばらく気をもむ日々が続くことになりました。数週間後のある晩に、ドキドキしながら勇気を振り絞って受話器を取り、電話で説得するような形でOKを取り付けることに成功することが出来ました。その後は、彼女の気が変わらぬ内にと、猛スピードで段取りを進め、ゴールインすることが出来ました。

その後、翌年には長男、また、二年後には、次男、少しあいて五年後に念願の長女に恵まれ、私にとっては、神様とカミさんには、感謝の言葉しかありません。結婚して二十九年、どれだけ今まで我が女房殿に苦労を掛けた事か、計り知れません。私の両親と同居していた十一年間、父が再び病に倒れ、それから五年の献身的な介護の末の父の死、それから間もなく、今度は母の介護を六年。三年前に母は他界しましたが、認知症を患った母の介護は、女房も私も精神的にかなり追い詰められるほど壮絶なものでした。介護期間、計十一年。それぞれの介護と同時進行での子育て、家事、それに私の会社の仕事。この時ほど、女はすごいと思ったことはありません。

家庭内や仕事でのトラブルがあった時の相談相手としての女房の存在があったからこそ、今の私と家族がこうして平穏無事に生活を送ることが出来るのも、女房のおかげだとつくづく最近感じています。特に、好きなところは、彼女の明るい笑い声と笑顔。どれだけ、仕事でへこんでいた時に、あの笑顔に励まされ、癒されてきたことか。十年ほど前に、取引先倒産で数千万円の損失を出した時も、「お父さん、また、頑張ろうよ。」と言ってくれた一言で、どれだけ救われたか分かりません。やはり、持つべきものは元気で明るいよき伴侶。改めて、心からありがとうを言いたいです。

突然ですが、私は、加山雄三の大ファンでして、特に「君といつまでも」という歌が大好きです。最後にその歌の中のセリフを我が女房に捧げて、締めとしたいと思います。

「幸せだなぁ。僕は君といる時が一番幸せなんだ。僕は死ぬまで君をはなさないぞ。いいだろう・・・・」

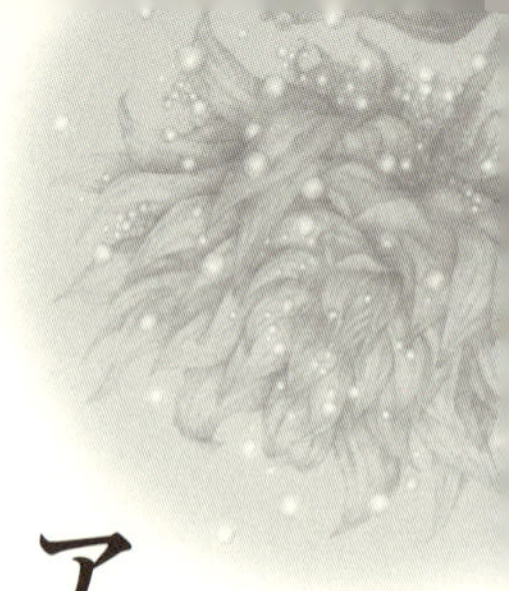

アクセルとブレーキ

株式会社アイダックデザイン　代表取締役
上田 宏樹

私には女房が二人います。
一人は本当の女房で、もう一人は仕事の女房（男）です。
妻とは今年結婚一〇年になります。
脱サラをして、創業五年目、三〇才での今時珍しいお見合い結婚でした。
妻の本心は経営者ではなく、サラリーマンとの結婚を望んでいたようでしたが、
持ち前の強引さで押し切り、結婚の承諾を得る事が出来ました。
何故、サラリーマンとの結婚を望んでいたかというと、理由は妻の父が経営者で、
それを支えてきた母親の苦労を見ていたからです。
そのため、いろんな部分で不安定なイメージや思いがあったのだと思います。
結局、妻は結婚後も仕事を辞める事なく、今でも別の会社で正社員として仕事を続

けています。

自分の不安な気持ちを和らげる為にもそういう選択をしたのだと思います。

経営者の妻の不安に関しては当事者でないのでわかりませんが、一〇年継続する会社が五%と言われている時代ですから、冷静に考えると不安になって当然かもしれません。

当時は自分を信用してくれていない感じがして、その事に不満を感じた事もありましたが、家事や育児が大変にも関わらず仕事を辞めずに働く妻の事を考えると、無茶な事は出来ないという気持ちにさせてくれます。

家ではお互い仕事の話は殆どしません。

妻はあえて聞かないようにしているのだと思います。

一〇年の間に自分自信でも不安になるピンチも多々あり、もし聞かれたら思わず泣き言を漏らしたくなるような状況の時もありましたが、
聞かれないので一度も話した事はありません。

聞くと不安になるからあえて聞かないようにしているのと、
言った所で言うことを聞く人でもないので、そうしないのだと思います。

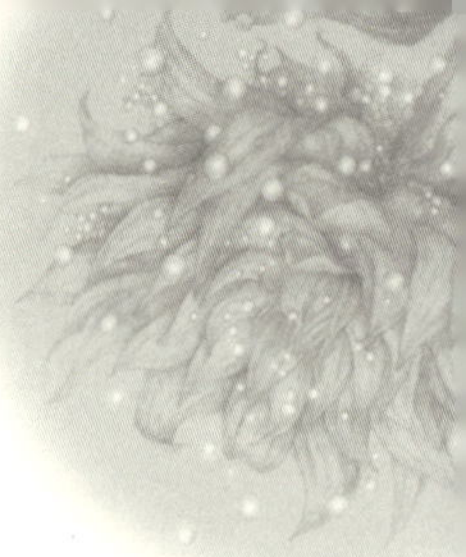

ベンチャーの経営者は基本的に頑固で変わった人が多いと思います。

むしろ、そうだからこそやれるのかもしれません。

私も自他ともに認めるそんな感じの人のようです。

若い時はあまり気づきませんでしたが、四十二年生きていると、少しずつ自分の変人ぶりに否が応でも気づくようになってきました。

そんな変人に言葉でブレーキをかけても意味がない事をよく知っているので、言葉に出さずブレーキを踏んでくれる妻に心から感謝します。

あと、仕事では十五年連れ添った（支えてくれている）女房がいます。
もちろんこちらは男です。（笑）
創業当初から一度も私の決めた事に反対したことはありません。
それどころか、いつも「いいですね！」「面白いですね！」と応援してくれます。
失敗してもその事を責められた事もありません。
いつも気持ちよく思い切って仕事をさせてくれます。
とにかく前向きで先しか見てない彼は、私にとってはアクセルのような女房です。

この二人の女房のおかげで安全運転が出来ているのです。
本当に心からありがとう。

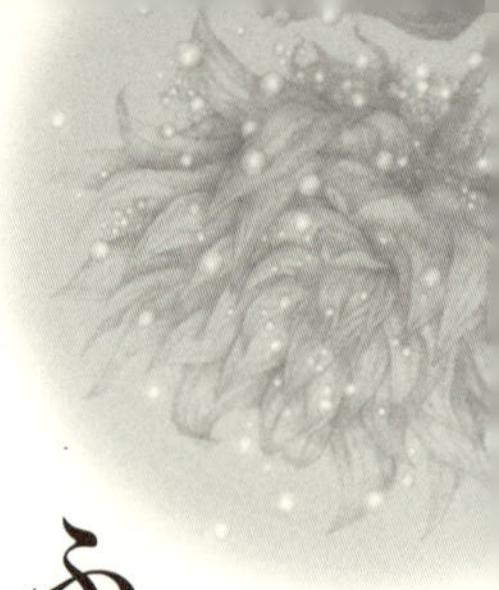

ふみさんと結婚してよかった

ドリームムービー株式会社　代表取締役　上田　寛

私は広島で生まれ育ち、新卒で食品メーカーに就職しました。約一ヶ月の研修後、大阪支店に配属となりました。大学時代後半に作ったロックバンドに地元で有名なライブハウスから出演オファーが届いており、両親や短大への入学を控えた妹のことも心配で、密かに期待していた広島での社会人スタートは、大阪へと舞台を移すことになったのです。

入社当初の仕事は、営業として予算を持ち、主に準大手・中小の小売店をフォローしていました。慣れない関西弁と怖くて厳しい店主や担当者に戸惑いながらの毎日で、休日はぐったりして夕方まで眠っていることもしばしばでした。そのような状態から、大手の全国本部担当、支店トップアカウントの担当まで務めることができ、自信も持てるようになった七年間でした。

そして、妻の文子と出会えたのも大阪時代です。不思議な巡り合わせの中、私は文子に一目惚れしました。かといってすぐに告白もできず、年に数回、友達も交えて平日夜に飲んでいたような仲でした。初めてもらった返信の年賀状の字がとても品があってきれいで、何とも魅力のある内容だった印象が残っています。法律事務所で弁護士先生の秘書をしていて、明晰でバリバリのキャリアウーマンでしたが、お酒が好きで、話すと楽しくて親しみの持てる人でした。出会いから何年か経ち、休日に二人でドライブに行くこともありました。

そのような中、私に東京本社への異動辞令がありました。いよいよ告白を決意し、愛車の中で、神戸の港を眺めながら汗だくで話したことを覚えています。それから1年半ほど、東京と大阪の遠距離交際を経て、結婚しました。

交際中の正月に、彼女の実家に挨拶に伺った時、義父母を始め、私と同年の義兄、一回り下の義妹に快く迎えてもらい今も感謝しています。私の実家に挨拶に来てくれた時は、まだ幼かった二人の姪（妹の子）がよく懐いて安心しました。「ご飯はおかわりしないように」と義母から言われていたのに、私の母にすすめられ美味しかったからと三杯食べ、帰って義母にしかられたと言っていたことも微笑ましく思います。

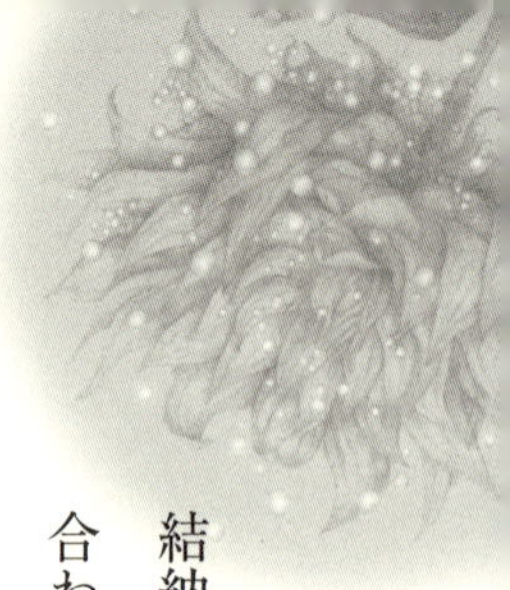

結納の前日、せっかくだからと私の父母を、一緒に神戸に案内してくれました。待ち合わせた新神戸駅の改札に向かって歩きながら、帽子を被り涼しい顔で敬礼する父と寄り添う母を、笑顔で迎えてくれた姿は、二十年以上経った今でも映画のワンシーンのように鮮明に覚えています。

妻は料理がとても上手で、美味しい手料理を一緒にお酒を飲みながら食べる時間は、私にとって今も至福のひとときです。

東京で一緒に暮らし始めて二年足らずで、私は外資系生保でフルコミッション営業を始めました。周りに猛反対されましたが、妻は「男ならやりたいことをやって勝負した方がいい。一千万円くらいの借金だったら二人で働けば返せるよ」と応援してくれました。上々の滑り出しでしたが、二年目から業績が安定せず苦しい状態が続きました。何とか乗り越えたいと、自己啓発関連の本を読み、セミナーにも参加しましたが、大きな借金を残すことになりました。妻は働きながら家事もこなし、借金返済に奔走してくれました。気丈に私を支えてくれましたが、陰でどれほどの涙を流していたか想像に難くありません。世に名を遺した人物の妻のことをよく知っていて教えてくれました。私も妻が誇れる夫になれるよう気概を持たなければと思います。

この頃、自分の成功している姿が鮮明にイメージできれば現実化するという確信が持てるようになり、それを映像化して眺めれば実現が加速するはずと考えるようになりました。私を信用して保険に加入してくださった方々に対しての想いは拭えるものではなく、何としてもご恩返しがしたいという思いがあり、保険業界を離れず大手の保険代理店に転職することになりました。その頃から、夢や目標を紙に書き、イメージに近い画像を貼って毎朝眺めるようにしました。不思議なことに、三年から五年のスパンで振り返ると、大半が実現していることに気づいたのです。大舞台での講演、複数の資格取得、部長、バイスプレジデントと昇進し、慶應義塾大学経済学部も通信課程で入学し、五年かけて卒業、その過程で大学の先生方が執筆の中心である保険学会誌にも主任教授にご推薦をいただいて執筆、業界新聞への月一回の執筆は百号を超えました。

そして、成功イメージの映像化を事業にするため、私は、ドリームムービー株式会社を設立して現在に至っています。

その間、妻にも大きな環境変化があり、伴って体調面で長年患うことになりました。それでも、人を雇用するに際し、人事総務の経験を活かして会社を手伝ってくれるようになり、随分回復してきました。高い能力を持ちながら、大阪を離れて私についてきてくれてありがとう。美味しい料理をありがとう。家事をしてくれてありがとう。何もできずごめんね。疲れがとれるようゆっくり休みをプレゼントしたい。もう少し頻繁に一緒に旅行にも行きたい。双方の親に感謝し、元気で一緒に長生きしたい。これだけの想いをくれた妻に感謝しています。「ふみさん、ありがとう。ふみさんと結婚してよかった」

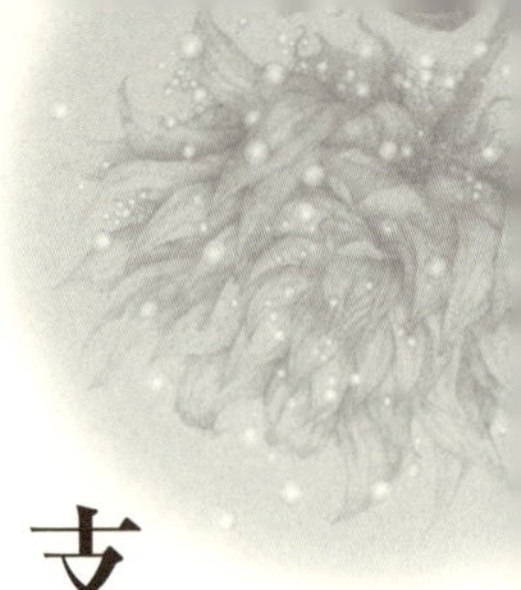

支え

株式会社プロッソ　代表取締役
牛久保　潔

弊社は、企業が中途採用を行ったり、離職率のコントロールに取り組んだりする際の戦略立案から実行支援までをお手伝いしています。二〇〇三年に業務を開始して以来、主にＩＴ業界、コンサルティング業界、不動産業界等のお客様を中心にサービスをご提供してきました。企業が抱える、採用する人材の質を高めたい、採用コストを減らしたい、採用人数を増やしたい、新卒採用は上手くいっているのに中途採用が上手くいかない等、採用に関する悩みやご要望の解決、あるいは、離職率が高くて困る、低評価者の離職率をもっと高くしたい等、離職に関する悩みやご要望の解決をお手伝いしています。

多くのご縁や幸運に恵まれ、一〇年以上にわたりサービスを提供し続けてきましたが、振り返ると思うようにいかないことも数多くありました。挙げればきりがありませんが、特に創業当時は、採用コンサルティングということを謳う企業は非常に少なかった上に、たとえ採用コンサルティングと言っても実際には、採用業務を代行するに過ぎないものが殆どでした。

そんな中で、弊社のサービスをお客様に正しくご理解いただくのには長い時間が必要でした。ようやく思うような形での受注をできたのは創業から一年が過ぎた頃です。また順調に動き始めた後でも、リーマンショックの後などは、短期間のうちに受注が大幅に減り、数ヶ月先はおろか数週間先も見えないという状況に陥りました。

もうそうなると、経営者として先を見通すことなど全くできず、ただ目の前の危機を乗り越えることだけで精一杯でした。

そんな時、常に心の支えになってくれたのが、妻であり子供たちです。もともと妻とは、「将来、自分で仕事を始めるから、それに追われてしまい、ダメな夫、ダメな父親になりそう」とわがままな言い訳をしてから付き合いを始め、結婚をしました。妻は創業前に何冊か、経営者の奥様が書かれた書物を読んだりもしていたようですから、心の準備をしてくれていたのだと思います。

私は当初、妻にも一緒にビジネスにも関わってもらいたいと考えていましたが、創

業の時期が二人目の子供が産まれて間もない時期だったため、妻を仕事に巻き込むことはせず、家でも会社の話を詳しくはしませんでした。その当時は、余計な心配をさせたくないと思い込んでいましたが、今から思えば、弱音を吐いてしまうことが怖かったのかもしれません。しかし会社を運営していく上で、目標数字を達成できず、自分の給与を止めることもたびたびありましたから、妻はそのたびに仕事が苦しいことに気付いていたでしょうし、具体的な中身が見えない分、余計に多くの心配をかけてきたことと思います。

困難や危機に直面した時、私はよく眠っている家族の顔を見ながら、自分を落ち着かせたり、言い聞かせたり、頭を整理したりします。最近では、そのことが私にとっては、大きな効果があることだと自覚して、自分が自分らしく仕事をできているのは、家族のおかげだとつくづくと感じるようになりました。

私は父が国家公務員をしていた関係で、子供の頃、公務員住宅に住んでいました。母は、家事や育児の他、公務員住宅にいる主婦たちを集めて、内職のとりまとめのようなことをしていました。ちょうど計算機が一般に出回り始めた頃で、中に入れる基盤に細かい部品を順番に挿しては裏からはんだ付けをしていました。そのせいか、学校から帰ると、母のもとには毎日お客様が来ており、内職のことに限らず、よろず相談所のようになっていたのを覚えています。母は私が聞いてもよい話題の時はよく横に座らせて話を聞かせてくれました。そのことが、私にとっては貴重な教育であり、価値観の土台を形作る上でとても大きな影響を及ぼしたと思っています。

私の価値観の土台を形作ってくれた親と、今も私を支えてくれている家族に、まだまだ道半ばではありますが、この機会を借りて心よりお礼を言いたいと思います。

本当にありがとう。そしてこれからもよろしくお願いします。

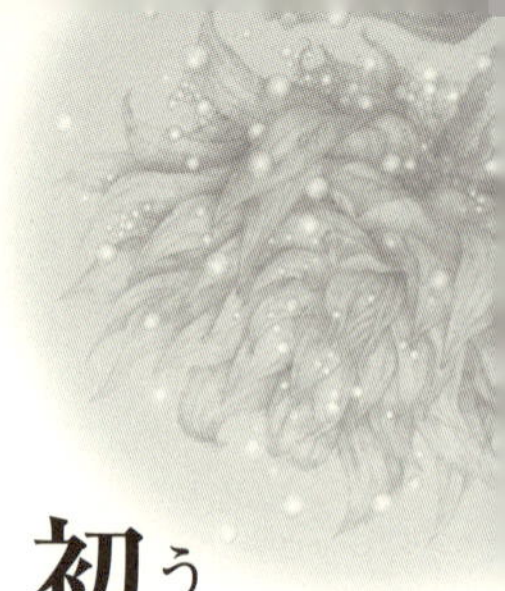

初心《うぶ》への還り方

江夏画廊株式会社　代表取締役
江夏 大樹

「あなたが好きで結婚したわけじゃなかったの！」

結婚から幾年、ささいなこと（の積み重ね）で爆発したキミから発せられたこの言葉。・・・ん？　おいおい、それはいったいどういうこと？？軽いパニックになり、何度も繰り返される心の問いかけ。大抵のことはサラリと受け流しても、この時ばかりはショックが大きすぎて、頭クラクラ。血の気が引くとはこのことかと。こんな気持ちは、売れない絵画展の時だけで十分だ！！と心の中で叫びつつも、夜もふけ、お構いなしにキミはさっさと寝室へ去ってしまう。

そりゃあ、一目ぼれして、告白もプロポーズもしたのは自分だけどさ！そんな言い方はないだろう？　だんだんとムカムカしてきたその時、ふと目に飛び込んできた一枚の絵。丸顔で頭の大きなふたりの子供が、手にハートの花を持ちながら、ニコニコ一緒に手をつないでいる。いまにも画面から飛び出してきそうな素敵な絵。

タイトル〝イノセント（純心無垢なあの頃）〟。

甦る、蘇る、過去の記憶。あぁ、そうだ、この絵は結婚した時に買ったんだよな。私が大好きな、マッケンジー・ソープの絵。常日ごろ、「アートは大事な節目で購入されると良いですよ！」などと人々にのたまう、自分の言葉を思い出すなんて。いつでも、想い出のあの頃に引き戻してくれる、〝記憶のアンカー〟と私が名づけているもの。

キミと初めて出会った時のドキドキした瞬間。

キミと一緒に夜空を見上げた時のウキウキした瞬間。

キミに初めて想いを伝えた時のソワソワした瞬間。

そのすべてが、この絵の中にはあるんだ。

もう、今じゃなかなか味わえない感覚だけどね。いつか、こういうムカムカする瞬間が来ることもわかっていた。他人同士が一緒の屋根に住むわけだから。そんな時、あの頃を思い出したかったんだ。過去の自分から、未来のムカムカした自分への、大事な予防線のプレゼント。ここのところ、ずっと、絵を眺める余裕すらなかった。

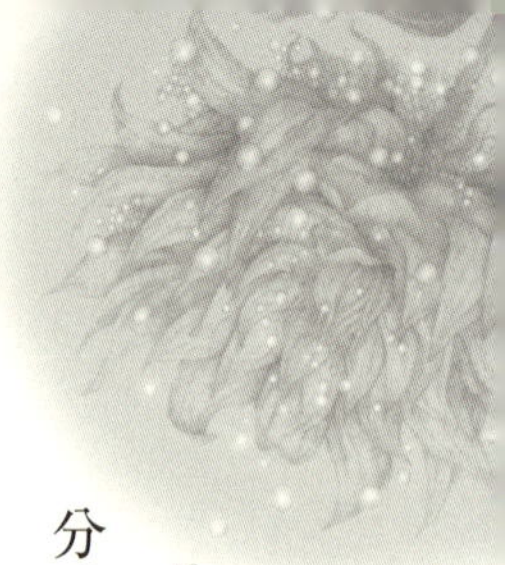

そうだよね。そうだったよね。最初はこうだったんだよね。思い出してきたよ。自分の余裕のなさが、きっといろんなものを見落としていたんだろうな～。勝手に自分でムカムカしたけれど、あんなことを言ったキミは、きっと、もっとやるせない気持ちだったのかもしれない。だって、いつものキミは、すごく愛情深いじゃない。最初は好きじゃなかったかもしれないけど、後からじわじわ好きになるのもアリだよね。

・・・これって、自分への慰め？　まぁ、そもそも自分と結婚してくれただけでも儲けもの。そのことを忘れていた。落ち着いてきたよ。頭に上った血が、また大地に流れていくようだ。未熟な自分を高めたい。悟りの心に近づきたい。そう、初心だ。

初心っていろんな意味があるみたいだけど、〝うぶ〟って読み方をするとさ、なんだかういういしい感じじゃない？あの頃の想いを取り戻した気分。あたりまえを、あたりまえに思ってちゃいけない。人は馴れる生き物だから、いつしか感覚がマヒしちゃうんだよね。そして感謝をしなくなる。

たまに夢を見るんだ。変だけど、キミとボクが死んだあとのこと。もっと先のお話。

お互い、姿は見えないけれど、広大な宇宙のどこかで、静かなおしゃべりをしている。そこには、怒りも、嘆きも、悲しみも、ネガティブなものは何もなく、只々、あたたかく、穏やかな心だけがある。その夢を見た時は、いつも気持ち良く目が覚める。

考えてみればさ、地球だけでも何十億、全宇宙からすれば、それこそ数えきれない魂の中から、ボクらは出会っているんだよな。すごいじゃない。ひとの一生なんて短いもの。こんなことでムカムカしているのがばからしくなったよ。

キミが爆発するたびに、ボクはいろいろなことに気づく。海は荒れることで浄化され、また穏やかできれいな海に戻る。そんな感じ? 明日の朝は生まれ変わろう。うぶにね。

ごめんよ。

そして、いつもありがとう。

言えるかな?

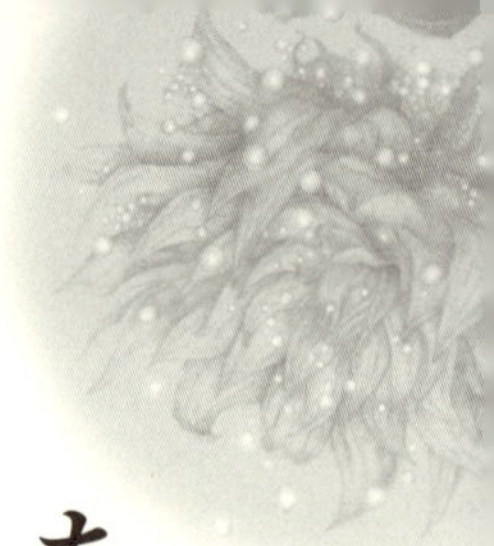

ありがとう女房

株式会社新起　代表取締役
太田　明男

「だから、あなたは思いやりがないって言うのよ！」たまに、火山の噴火の如く激怒する我女房である。まずは、今回の御嶽山の噴火にて犠牲になられた方々に、心からご冥福をお祈り致します。

冒頭の事の発端は、先日久しぶりに夫婦で長野県蓼科に旅行に行った帰り、サービスエリアで女房に黙って自分だけ、そばを食べた事に、女房が激怒したのである。他愛もないことだ。更年期障害かも知れない。

妻の出逢いは、三十二年前某建設会社の入社式である。言わずと知れた社内結婚、もうあれからそんなに経ったのかと時の流れの早さに驚くばかりだ。

三人の娘に恵まれ、この度長女に子宝を授かり来春五月に爺さんになる。一見、平凡な家庭にみえるかもしれないが、三十二年の結婚生活色々あった。特に、起業して二十三年になるが、この五年半どん底もどん底、よくここまで付いて来てくれたと、女房には感謝の念に堪えない。

振り返って見れば、人生の節目節目に必ず女房の支えがあった。一番最初は、三十一歳の時九年間勤めていた会社を辞めて起業した時。やって見たもののすぐに自分の力量のなさを痛感し自信喪失に陥り、元の会社に戻ろうと女房に打ち明けた時だ。女房は泣きじゃっくって怒った。

「あなた、まだ何もやってないじゃない。それに、元の会社に戻るような見っともない事やめて。勤めに行くならもっと小さな会社でもいいから、知らない人と出逢える違う会社にして。それに、私が働いていれば少し位の期間ならなんとかなるから、元の会社だけには戻るのは止めて。」

ここまで女に言われたら男がすたる、気を取り直した。もしここで、女房が止めていなければ間違えなく元の会社に戻っていただろう。その後、その会社は九年後に五〇億の負債を抱えて倒産した。

二番目は起業して十六年程経った頃、職人肌でもないのに若さだけで体力に物を言わせ、肉体労働に明け暮れてきたが、四十五歳を境に体力の衰えを感じ、将来の不安を感じるようになる。リーマン・ショックの時期で仕事も激減、使っていた社員もみんな止めてしまい一人っきりになる。その頃、おふくろも他界し心が萎えてしまい、将来の展望もなくなり、何度となく廃業しようと思ったが女房が許さなかった。この時、廃業していたら今の自分は絶対にいない。

三番目は福島営業所開設の時。起業二十年を迎えようとした頃起きた、東日本大震災。その頃もまだ会社は上手く行っていなかった。よく酒を飲んでは「もうやめた！人生終わった！」と女房にぼやいていた。資金もなく生活費もまともにいれず、起死回生を狙って福島営業所を開設する時も女房は止めることなく、むしろ激励とも言える強烈な言葉を発した。

「あなた、私はあなたから三回は人生終わったって聞いたから、今ある人生はおまけだと思って福島復興に残りの人生捧げて来て！」この言葉を聞いた時、福島復興に残りの人生捧げる覚悟が出来た。

そして、四番目は今回の東京営業所開設に当たり、当然のこと資金も経済状況も改善されてないにもかかわらず気持ちよく了承してくれた。むしろ、場所が東京赤坂と言うので内心自分も遊びに行けるので、喜んでいる感じだ。

いずれにせよ、女房には感謝している。彼女がいなければ、今の自分がいないのは間違えない。でも、そうは思っても照れくさくて、なかなか感謝の言葉を言えない。

本当にこの五年半人生に迷い、失望し生活費もまともに入れず女房には苦労をかけた。実際のところ、その時の生活費をどうのように捻出していたのか聞くのが怖い。だけど、必ず三倍付けにして来年中には返すつもりだ。

折を見て女房に〝ありがとう〟と言って見ようと思う。

最後に今回いかしあい隊ＡＴＭ会に出逢え、このような機会を頂け、女房に感謝の念を文章化する事ができ、改めて女房の存在の大きさを痛感する事が出来ました。このような機会を与えて下さった牛久保会長並びに雪井様に、心から感謝致します。

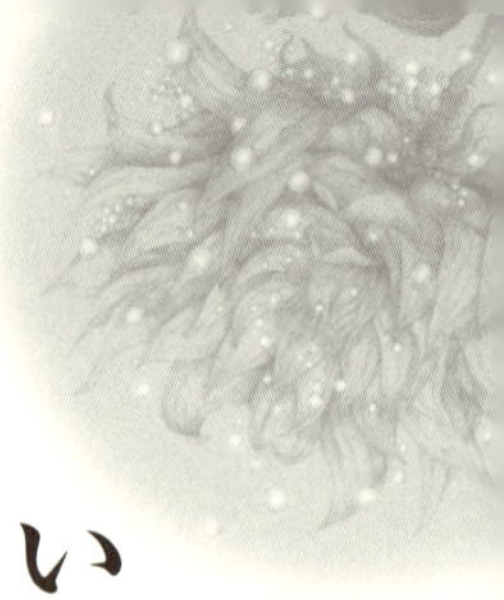

いつも陰ながらのサポート感謝しています。

岡田 尚之

四十才を過ぎて、もう結婚はできないだろうと思っていた時、
ゴルフ仲間（今は義弟）より姉（妻）を紹介されました。
笑顔が絶えない女性でマイナスな事はあまり口にせず、
プラス志向な彼女に魅かれ結婚しました。

私の仕事は不規則な上に固定給ではない為、家計のやりくりが必要不可欠です。
現在に至るまで文句も言わず付いてきてもらっています。
歳は十一才離れていますが、
いつもイライラして愚痴をこぼしているのは、自分の方で
よっぽど大人かな（笑）って思っています。

最近、夫婦がうまくやっていく方法は何かというテレビ番組を見ました。
好きな事を一緒にやっていくよりも、
嫌いな事や物事の価値観を共用している事だそうで
まさにそうだと思いました。
例えば食事。お互いに嫌いなものをわかっている事は大事だなと
つくづく思います。

昨年、長男が誕生しました。今は子育て中心の生活になっています。
でも子供を連れてアクティブな行動をしているのはさすがだなと思っています。
いつも彼女に厳しい事ばかり言っていますが、心の中で本当はとても感謝しています。

これからもよろしく。そして生涯のパートナーとしてよろしく。
最後にお互いの両親に感謝。

親愛なるまーちゃんに日頃の感謝を込めて

株式会社メイクブイ　代表取締役社長　尾形 達也

早いもので結婚して十三年。思い起こすと十三年前、結婚当時の僕の体重は七〇キロ台後半だったかな。ごめんね、一〇〇キロに一時到達しちゃって。そりゃ、詐欺っ！！と言われても仕方が無いよね！

出会った頃は、好きになってもらおう、嫌いにならないでもらおうって、それは一生懸命だったかなぁ。ご飯を作って貰う疑似結婚生活にドキドキしながら、おいしー！おいしー！と連呼してたよね。睡眠時間を削ってでも、沢山会うようにして、「全然眠く無いよ！」なんて。

今では、「味噌汁うすーい！」とか「白菜かぶってるー！」とか、「疲れたからすぐ寝るわ」なんて、好き放題で。サラリーマンの時代から、とにかくガムシャラに仕事をさせて貰ってたから、深夜の帰宅が続いたり会社に泊まり込んだりの毎日で「東京に住んで東京の会社だけど単身赴任！」なんて言われたよね。今もそんなに変わらないけど・・・。

会社を立ち上げる時は、本当に心配してくれて、いつでも働きに出れるように準備しておく！と言ってくれたね。頼るつもりは無かったけど、すごく心強かった。あっという間に今年でお互い四〇歳という節目の年代に入り、子供達も小学校に入りました。

やんちゃだけど気が小さな長男と、自閉症の次男。本当に毎日大変だよね。僕が安心して外で仕事が出来ているのは、言わずと知れた、まーちゃんのおかげです。でも、言わずと知れた、では無くて、目を見て頭を下げて、心を込めて、声に出して、本当は言わなければいけないよね。なかなか照れくさくて言えなくて・・・。

本当に毎日お疲れ様です。ありがとう。

心から感謝してます。

大好きなミュージシャン、Ｂ’ｚの「ＲＵＮ」という曲に、「時の流れは妙におか

しなもので、血よりも濃いものをつくることがあるね」という歌詞があるんだけど、大好きな歌詞でね。これぞまさに！という感じで。血が繋がって無い夫婦が、血が繋がっている子供達を育てている現状で、勿論家族が一番大切なんだけど、僕の中では突出して、一番まーちゃんが大切、血よりも濃いんだなっ！と。

人生まだまだ先は長いから、これからもいろいろあると思うけど、末永くよろしくね。

最後にもう一度、ありがとう！

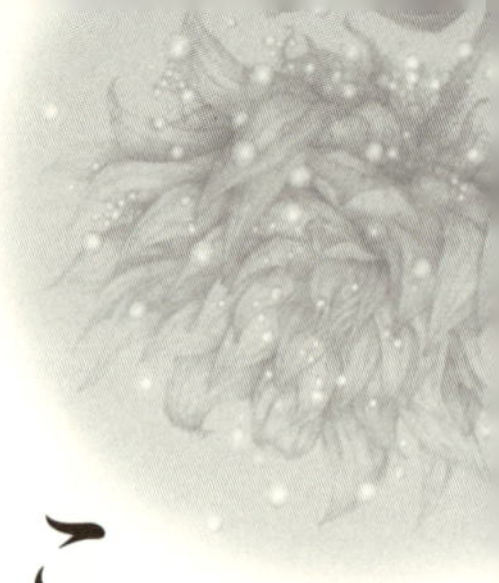

こんな家内に感謝！

株式会社ニュートン　代表取締役社長
荻野　勝朗

『お互いのプロフィール』
【私】昭和二十四年五月生まれ（六十五歳）
【家内】昭和三十三年七月生まれ（五十六歳）
【結婚生活】三十三年間
【個別情報】

①夫婦（めおと）経営
現在二人はお互いささやかなグループ企業の代表を務めております。
当初、企業経営は私の専管事項でしたが、
その後、万一の際の経営のスムーズな継続性を考え、
家内にも一部経営を見てもらう事と致しました。

その段階で家内は専業主婦から経営者の仲間入り。

因みに、未上場の弊社では創業以来『社員の為に為る良い同属経営』を心掛けております。

さて、家内の経営参加後は、私を遥かに上回る社内人気を博し（汗）幹部社員や女子社員達と共に明るく経営に取り組んでくれております。

一番目の家内への感謝の気持ちはこの点です！

②明る過ぎる子供達
我が家は三姉妹です（五人家族同居時代、風呂は争奪戦でした）
現在、全員我が家から巣立ち、家庭を持ったり・・・。
一人暮らしで青春を謳歌しつつ他社で修行致しております。
とにかく全員朗らかで明る過ぎる（笑）程でございます。
子供にとって一番大事な幼少期、
ご多分に漏れず私は仕事九〇％以上の人生、
その様な中で此処まで子供達を明るく朗らかに育ててくれた事、
二番目の家内への感謝の気持ちはこの点です！

③経営に行き詰った時

私は二十二歳で起業して以来、
現在まで凡そ四〇年以上社長業を続けてまいりました。
その間に二回、大きな経営の危機に直面致しました。
特に、今から二十三年程前に見舞われた二回目の経営危機、
それはそれは本当に大きな危機でした。
原因はもう、一〇〇％（気分は三〇〇％）私の馬鹿な経営判断ミスが原因です。
たった三ヶ月で体重は一〇キロ減り、夜は全く眠れず、
更に息も臭く（加齢臭ではありません！）なりました。
その様な、だらしの無い私の状況に対して、
本当に心の底から温かく支え続けてくれました。
三番目の家内への感謝の気持ちはこの点です！

④喧嘩と仲直り

勿論、幸か不幸か・・・
喧嘩はしょっちゅうです！

あっ、ここで！（ビックリマーク）はこの本の趣旨に反しますね（笑）
不謹慎を反省致します。
『喧嘩は仲の良い証拠』と言う事でお許しください。
一つ、弁明させて頂くと、
お互い、遠慮せず言いたい事を（ある程度・・・汗）言う、
というスタイルとご理解頂ければ光栄です。
えっ、最近の喧嘩ですかっ？
夫がゴルフで妻を顧みない、
我が家は妻がテニスで夫を省みないっ！
この本は絶対家内には見せません！
纏まりの無い文章でお恥ずかしい限りでした（汗）
これからも、夫婦仲良く二人三脚で仕事と人生を共に歩んでまいりたいと存知ます。
奥様っ
これからも宜しくお願い致します！

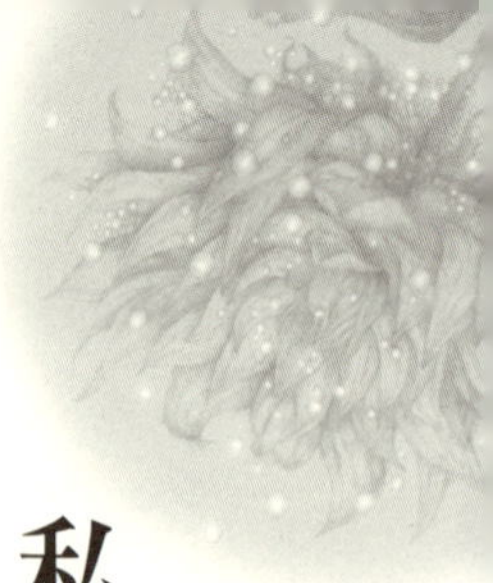

私の一番の応援者

株式会社コムネット　代表取締役社長　荻原　純一

家内と出会って居なければ私は破産者かホームレスになっていたかも知れない。

当時の私はサラリーマン。年商七〇〇億円の会社で二十六歳にして支社長などという重責を任されていた。バブルが弾けて久しいのに勢いが止まらず、頑張って働いてくれる部下への労いと称して一緒に「宵越しの金は持たない」などと言いながら夜な夜な飲み歩き、週末にはガールフレンドを誘いドライブや旅行をして貯金など一切考えず「自分自身が貯金だ！」などと嘯いていた。

その年齢にしては多い年収を得ていたにも関わらず遊び金が膨らみ、気が付けば多重債務者。そんな状況下で家内と出会った。最初は今まで通りカッコつけてお洒落なイタリアンや話題のＢＡＲ等々でデートしていたが、やがて結婚を意識し始めた頃、私が多重債務者である事をカミングアウトした！

今までの付き合ってきた女性たちであれば「金の切れ目が縁の切れ目」でそのままフェイドアウトであったが、家内は違った。何処の金融機関から債務が幾らあるのかを細かく洗い出し、返済計画を立て始めたのである。その上お互いに三十歳を過ぎたので早く結婚もしたい。

義父に挨拶に行くお金も無い位なのに、結婚式の費用も貸して欲しいと義父に一緒に頼みに行こうと提案をしてくれた。そのお蔭で立派な結婚式も出来たし、数百万円あった借金も三年で完済できた。そして、その直後に独立し会社を設立。それからの人生は順風満帆とまでは言えないが、着実に定めた目標の通過点はクリアしている。

子供が出来て生活が変わりだすと「恋愛関係」と「夫婦関係」は違うという事に気づかされた。恋愛の調子のままで結婚すると、度肝を抜かれることとなる。幸いな事に、元々スポーツが好きな家内はマタニティースイミングから通いだしたスポーツクラブでジャズダンスやベリーダンスを子育てしながら打ち込み続けているので、今でも体型や体力は維持している。

そこで感じたのが趣味は別々でも価値観が近くないといけないという事だ。お互いの趣味を尊重し、それぞれの仲間が居ることを喜ばしく思う。同じものを見て感動し

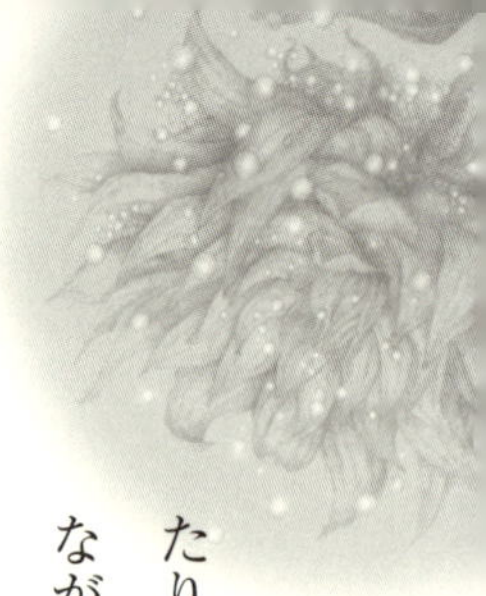

たり、同じものを食べて美味しいと思ったりすることは夫婦にとって大切な事と今更ながらに思う。子供も高校生となった今では年に一度の海外旅行や世界遺産巡りを一緒に楽しめるようになった。

　家事や子育てをしながら、会社の経理や総務もしっかりと熟してくれている。そして、会社を営んでいると必ずしも良い事ばかりでは無いのはどこの会社でも同じだろうが、そんなときも元々楽観的な家内は率先してムードを切り替えてくれる。短気な私の性格も理解して文句を言いながらも、段取りや準備を抜かりなくやってくれる事には本当に感謝している。ありがとう。

　幸いなことに私には仲間や応援団が居てくれるが、家内は私の応援団長といった所だろうか・・・。これからも、応援団長宜しく頼みます。

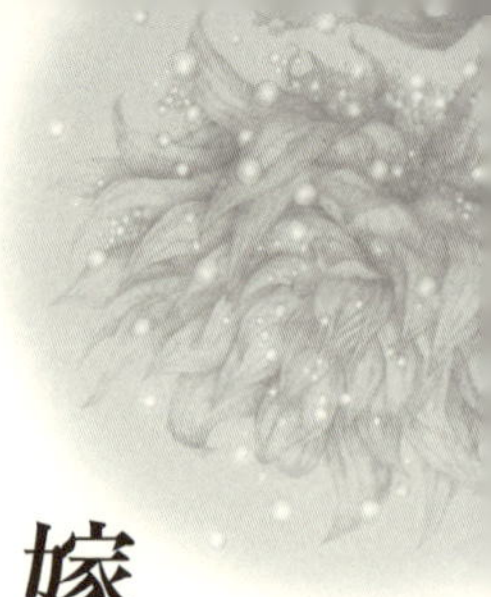

嫁には言えないあのときの、ありがとう。

株式会社グリーンベル　代表取締役　葛西 宣行

ダントツの成績を揚げた手法とそれを支えた内助の功を紹介したいと思います。
トップクラスのビジネスマンは、自分のＷＡＮＴＳ（やりたい事）をかなえる事に長けている。私がトップクラスかは分からないが、やりたい事をやれてきたし、その為の努力と周りとの行動の違いは歴然としていたのと、成果の違いからそう思う。今思えば、やりたい事を達成してきた人生は幸せである。そこに集中できたのは、人と言う字の通りで、小さな支えが傍らにあったやに思える。

学生時代はやりたい放題だった。元々喧嘩は嫌いだが、売られる喧嘩は全て買うという性格で、自分が悪いと思ってないと死んでも引かない。学区で下から二番目の不良高校に行った私は、予想通り誰が一番強いのか格付けられるまで格闘家の様な日々を過ごしました。器械体操部で過酷なスポーツをしていたお陰もあり、格付けも済み、間もなく平和な不良高校生活に変わりました。

サラリーマン時代の私もやりたい放題でした。不良高校で押さえつけられる事も無く自由に生きてきた私に、サラリーマンの縦社会。この自由人をよく解雇せず、継続して勤めさせてくれたなあと、今思えば感謝、感謝です。そこで営業という仕事に出会いました。営業職の良いところは、結果が明確であり会社もそれを評価する。誰が優秀か明確に結果が出る。スポーツや数学、営業職は順位がはっきりと出るので私には向いていた。

そんな頃、同じフロアで働いていた控えめな先輩が、のちの私の奥さんに成る人でした。私の事が苦手だったらしく、私と話す時だけなぜか私を見ないで話す人で、他人を通して話す所があり、負けず嫌いな私のチャレンジ精神に火が着いてしまったのです。それも間もなく契約をする事となりめでたし、めでたし… いえいえ、人生結婚がゴールではなくスタートです。

結婚を期に、仕事に目標の矛先が集中していきました。会社から与えられた目標をクリアする為に何をすれば良いのか。お客さんの設備導入計画を入手し、指名をもらえば受注する訳です。目標に足りなければその数を増やすだけです。簡単でした。ライバルは自分の都合で営業し、お願いをする。私はお客さんの都合に合わせ、良い様にアシストし、結果的に受注につなげます。他社のセールスは自分の幸せの為に受注をとりたがる。私はお客様（担当者）を幸せにするだけで受注につながる事を知っていました。

簡単でしたが、努力はします。お客さんにも色々タイプがあり、営業所長は人事と成績を気にし、事務方は業務効率と刺激を求め、社長は自分の評価を気にしていました。ここを提供するだけで、お客さんの設備計画はどうにでもなりました。

社長さんには見積り依頼や発注が有ったときに、喜んで感謝の意を毎度伝える。人は人を喜ばせる事に喜び、さらに喜ばせてやろうと思うもので、仲良くなるのにそう時間はかかりません。事務員さんには有名な御菓子、発注担当には業務の効率や、計画書の作成を一緒に残業して作る手伝いをするなど、お客さんの仕事をしてあげる事で信頼されるのです。総務の方とコミュニケーションを密に図る事で、会社の人事や流れが容易に掴めます。この情報を現場の所長に入れてあげると現場の計画なども容易に掴めます。

こんな営業マン時代。家に帰らない日々も。仕事は事業部の未達台数をカバーし、お客さんの社長さんに銀座に連れていっていただいたり、仕事九十九、家庭一の生活。

そんな私を理解していたのか、何も文句を言わない良い奥さんでした。そんな嫁を尻目に、歯止めの効かない私は、御多分に漏れず、少々火遊びもしましたし、家に帰らない日々もありました。嫁に対しての罪悪感で苦しみも味わいました…

私（男）はアホです。この混沌とした感情を整理する為に部屋を借り家を出ました。その時に涙を浮かべた嫁が私の荷物を旅行するかのように探し、カバンに入れてくれている様を今でも忘れません。なんて馬鹿な男なんでしょうか… 人と言う字の傍らを失った私は、自信と安心を失い、罪悪感と恐怖心でしょうか、夏でも寒かった記憶が有ります。

約一年の別居を終えて、鞘に戻ることが出来ました。待っていてくれたのでしょうか、たまたまでしょうか、未だに分かりませんが。その後は子供も出来、少し仕事のやり方を変え、独立した会社も順調に自社ビルを持てる位になりました。

ささやかな支えが成長を支えてることを知らなければなりません。

あの時の事は言えませんが、ありがとう。

感謝の気持ちを手紙に込めて

株式会社キーマン　代表取締役
片山　実

今回の執筆のご縁をいただいたのは、先日牛久保会長との面談時で、家族の大切さや感謝の気持ちを聞かれ、「家内には感謝しております。しかし、バツイチなんです」と答えたところ、「幸せと感じてたらマルイチなんだよ」と前向きな心温まる言葉をいただき「書いてみたら」とお声掛け頂いたのがきっかけであります。初めて女房である「幸ちゃん」に感謝の気持ちを言語化するので少し戸惑いがありますが、素直に自分の気持ちを伝えたいと思います。

私は、どちらかというと仕事を家庭に持ち込むタイプではなく、仕事の話はほとんどしませんでした。創業者なので何か事故があると配偶者に迷惑がかかることになるので、心配をかけたくなかったというのが本音でした。

最初の頃、「私には、仕事の話しもしないし、相談事もないし、これから先が心配で不安なの」と言われました。それから、数年の間に何度か向き合って、子供のこと、お互いの親のこと、仕事のこと、将来のことを語り合いました。最初のころは、すべて本音で語れなかったというのがありましたが、回数を重ねるごとに良くも悪しくも正直に伝えることが、幸ちゃんも安心するし、自分自身も楽になることがわかりました。

二十六才で起業をし、人生において正義も理不尽も不条理も経験した中で、自分以外に信じられる人はいないと思い込んでいたからです。幸ちゃんは言います。出会ったころは、いつも眉間にしわを寄せて誰も近寄ってくるなというほど人相が悪かったそうです。今から思えば、仕事以外のお付き合いはほとんどなかったですね。

三十歳後半で初めて自分では乗り越えることのできない試練に遭遇しました。今までは、夜は接待と称して毎晩外食、休日はゴルフの生活でしたが、全く外に出れなくなってしまったのです。なんとか、社員に心配をかけないように会社に出ることが精いっぱいでした。

その時期に、献身的に支えてくれたのが幸ちゃんでした。毎朝、野菜を中心とした健康ジュースを作ってくれて、体に良い料理を勉強するために娘が学校に行っている間に料理教室に通ってくれていました。

休日になると、毎回、田舎のお寺や神社に連れて行ってくれました。お参りを済ませ田舎の農家でとれたお野菜や果物を見に行ったり、幸ちゃんと農家の人との会話を聞いたりしているとすごく楽しそうに感じたのです。

幾度となくそういう場面をみて、心と心が通じ合う人とのかかわりが本当の人生の楽しさではないだろうか、今までの楽しさは、自分の地位を利用して、自分だけの快楽を求めていたのだ、と素直に感じることができたのです。

社長という地位は、ただの役職であって、何も偉くない。地位や権力を武装して生きていくのはやめようと思ったのです。自分本位で驕り高ぶった傲慢な人生には幸福など訪れません。それを教えてくれたのが幸ちゃんです。

それを意識してからは、マンションの人からも声をかけられるようになり、社員が家に遊びに来てくれたり、経営学、人間学を学ぶ師匠とも出会えたり、１８０度周りの世界が変わりました。長年の不摂生な生活が原因で悪化していた健康診断の数値も正常値に戻り、公私ともに、毎日が充実した楽しい人生を過ごせるようになりました。

昨年、社員の健康改善、維持を目的とした社員食堂キーマンダイニングを立ち上げるに当たり、幸ちゃんに初めて会社にかかわってもらいました。幸ちゃんは、料理教室の講師資格を取得し、食育マイスターとしても食べもの大切さを伝えたいと願っています。キーマンダイニングでは、レシピやコンセプトを考えてもらい、できるだけ安全な食材を使い、全て手作りで（出汁も含め）、真心を込めて美味しく、をテーマに昨年十一月にオープンしました。最近では、ほとんどの社員に利用していただいております。社員からは、むくみがなくなった、低体温が解消された、血圧が下がった、等の嬉しい声が聞こえます。

人生のパートーとして幸ちゃんと出逢えたことで、毎日感謝の気持ちが持て、毎日幸せを感じれるようになりました。家族を守ってくれていること、心の支えとなって居てくれていること、いつも両親が良くしてもらっていること、社員を大切に想ってくれていること、本当に心から感謝いたします。

幸ちゃん、ありがとう。ありがとう。ありがとう。心を込めて愛してます。

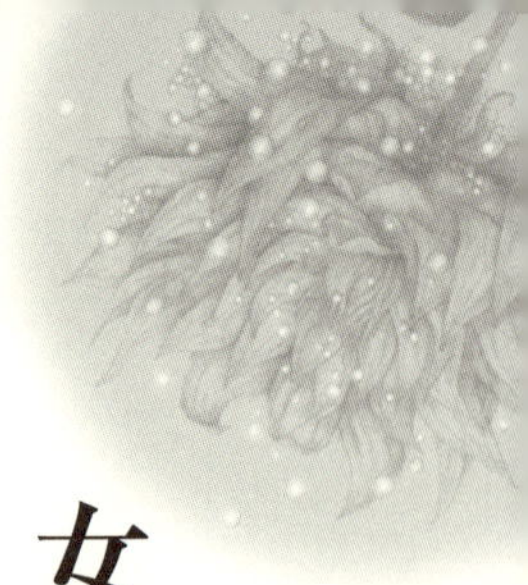

女房、ありがとう。

川口博事務所 代表　前衆議院議員
川口　博

私が日頃より大変お世話になっております牛久保洋次会長が「ありがとう、わが女房」という著作を刊行なさるということに、まずは心よりの敬意を表したいと存じます。そもそも家庭というものは良き伴侶との出会いを基礎とし、その基礎をもとに繁栄と幸せを共に紡いでいくものですが、私の場合は故郷である秋田県小坂町から東京に出て、勤労学生として勉学とアルバイトの両立に日々精進を重ねていた当時に遡る必要があります。

学費に加え、生活費を自分自身の力で稼がねばならず、そのためにはどのような精進をも厭わないという意気に燃えていた当時、私が心を癒すことができたのは赤坂にあったジャズ喫茶でのひと時でした。音楽というものの不思議な力に感謝したいと思います。

当時そのジャズ喫茶で働いていた可憐な女性が現在の私の妻である千代女（ちよめ）です。これまでの人生では、私が世の中のため、人々のため、次世代の故郷と我が国、ひいては国際社会の希望に溢れた未来のため全身全霊を投じてきたため、相当な苦労をさせてしまいました。大変申し訳なかったと思っております。この場をお借りして家内に謝りたいと思いますが、お詫びの気持ち以上に、心からの感謝の念に堪えません。

家内は私にとって実に良き女房役を果たしてきてくれました。私をいつも心から応援し、激励し、赦してくれ続けたことに心から感謝し、またこれからは恩返しをしていきたいと思っています。また、家内は私がさまざまな負担をかけてきたことを責めたりすることはありませんでした。私が勤労学生から農民、そして町議から町長、衆議院議員から現在まで長く山あり谷ありの歩みを重ねてくることができましたこと、今後も明るく楽しく前向きな気持ちで生きていくことができる実感と確信を得ることができますのも、妻の存在、そして夫婦間の信頼というものがあったからです。

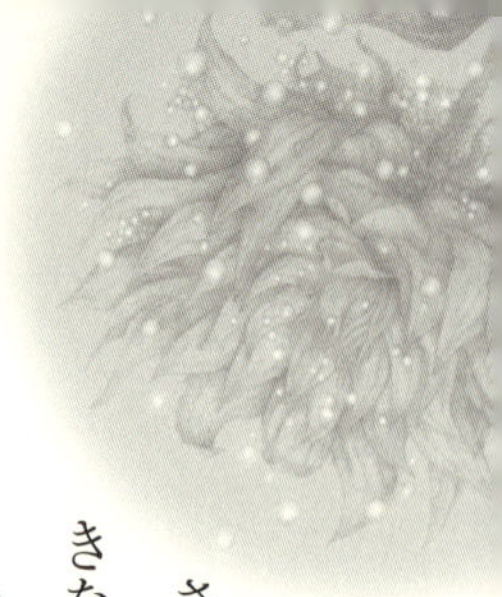

さて、人生の女房役ということについて申しますと、右のようにどうしてもその大きな負担や黙諾を免れないのも一端の事実ではないでしょうか。

その点におきましては、妻である千代女の負担をそろそろ軽減しながら私の不動の信念である「世のため人のため」という理念をこれからも遂行し、時代の進化に適合した形で推進していかねばならないと存じており、私の理念とその行動を次世代に託すために昨年川口博事務所を立ち上げ、長井隆行局長を起用、新たな女房役・後継者に任じた次第です。

これから私は、妻である千代女を大事にし、多年にわたる感謝の念をもとに慰労を少しずつでも行い、併せて負担を軽くしていくことができればと思っております。他方で長井局長には、私の社会的な理念の具現化と実践を担う女房役としての大役を担って貰う必要がありますので、この上も皆さまからの応援をお願いしたいと存じております。

私とその古女房である千代女、また日本航空、外務省、コモンズ投信という経歴を経て、仕事面での女房役として私の理念の実現と実践に全てを投じている長井局長に、皆さまの一層のご支持とご声援を衷心よりお願い申し上げます。

牛久保会長と皆さまの更なるご多幸を確信し、ご一緒に、笑顔で一杯な「明るく楽しく前向きな」社会を創って参りたいと存じております。どうぞ宜しくお願い致します。

牛久保会長のご人徳に敬意を込め、秋田の小坂町から

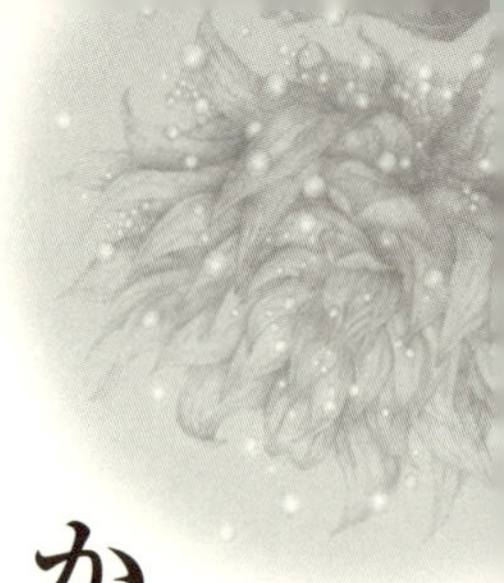

かみさんのありがたさ

ライフバンク株式会社　代表取締役社長
川西 こうじ

「足がつるー」「つった！つった！」。夜中にかみさんの叫び声で起こされる。私は飛び起きて、足の親指を押し、ふくらはぎのつった筋肉を伸ばしてあげる。次に緊張したふくらはぎを揉んでやわらかくしてあげる。朝の三時ごろが多く、運動不足を注意しながらまた寝る。

その頃は、毎日四時に起床していた私に付き合って朝食を用意し、五時には送り出してくれました。しかし、かみさんの「足がつるー」は、ほとんど毎日のように繰返されました。運動不足？疲れ？　たまの休みにはスーパー銭湯に身体の疲れを取りに出かけたり、体力をつける為に神奈川の大山に登ったりしました。

そんな状態が数ヶ月経つ頃から、「膝が痛いー、膝がはずれた！」と悲痛な声を夜中に出すようになりました。一週間に一回が二回三回と増えていきました。何か変だ！

そして急激に痩せてきた！これはただ事ではない！めったな事では病院へ行かないかみさんです。「明日必ず大きな病院へ行って調べてこい！」、「大丈夫だよ」、「行かないなら離婚するぞ！」と馬鹿な筋の通らない説得をした覚えがあります。「明日は・・・、明後日は・・・、わかった木曜日に行く」。

私は、男は稼いでくるもの、そして少しでも楽をさせるのが務めと思っていました。その当時、外資系の生命保険販売及びマネージメントをしていました。ご存知の方はご理解いただけるかもしれませんが、一年で五割以上が退職する厳しいフルコミッションの世界です。常に前向きな私は、ハードながら楽しく働いていました。お客様の為に猛烈に働く事が収入につながる、自分にそう言い聞かせながらも、個人事業主として朝から晩まで働き前進するしか道はなかったのです。

少しその仕事のことを話しますと、生命保険に加入して頂く時に健康状態を告知して頂いたり、医者の診査を受けたりします。そんな機会を多く重ねるうちに、医者並みにとは言いませんが、医療についてはかなり勉強して詳しくなります。

携帯が震え、画面にはかみさんの名前。診察終わったんだ。「もしもし？」、「すぐに入院だって、Ｉ型の糖尿病らしい。明日の九時病院に来られる？先生からの説明があるんだけど」。そんな会話でした。

Ｉ型糖尿病は非常に少なく、日本人では糖尿病患者一〇万人に約二人だそうです。一般的なⅡ型では、生活習慣によるので、改善することで症状を軽減できます。しかしⅠ型は、インスリンを生産するすい臓の細胞が破壊・消失して発病します。この病気の原因はまだわかっていません。わかっている事は、これから一生涯インスリン注射が食事ごとに必要になるということです。そして一般的に寿命が平均より短くなることです。

なんでもっと早く気がついてあげられなかったのか。ここまでひどくなる前に・・・。なんでかみさんが。ごめんなさい。やっぱり私が悪いんだ。もう苦労はかけない！と決心したのもつかの間、五十歳過ぎて私に独立の転機が訪れました。「どんな事があっても私はあんたを信じているから」。この言葉に背中を押され、社長となった今も、五時前に起きて六時前には家を出ます。

さらに、二年ほど前から大正生まれの父と昭和一桁生まれの母の面倒を見るために実家で同居しています。もちろん私の両親です。私は次男です。そして両親からは一番期待されなかった子でした。「こうじは、気持ちは優しいけど、頭のできが悪いんだよなぁ」。つい最近も父が私の従業員に話していたそうです・・・。参るよな！

そんな両親ですが、長男・長女ではなく同居に私を指名してきました。いや、実際は私の女房を指名してきたのです。「身体は相当まいっている、生きて半年だろう。だから死ぬなら家で死にたい」と父親が言うのを、かみさんは二つ返事でＯＫしました。「あなたの両親でしょ！」。重かった言葉でした。子ども二人と愛犬を連れて住み慣れた我が家を離れ、古い実家をリフォームして引っ越しました。

要介護四の両親は痴呆、わがまま、食にうるさく、すぐ喧嘩！かみさんを女中と思っている母親にも、常に献身的に奉仕の心で働く姿に頭が下がります。会社の経理も担当してくれていますが、介護で疲れた身体にそれ以上の仕事ができるわけもなく・・・。気が付くと血糖値も悪化し再入院。それでも退院するとすぐに献身的な奉仕を始めてくれています。

かみさんが大好きな世界中の美術館に連れて行きたい。

スペインに連れて行きたい。

思い出のイタリアにもう一度連れて行きたい。

もっともっと一緒にゴルフがしたい！

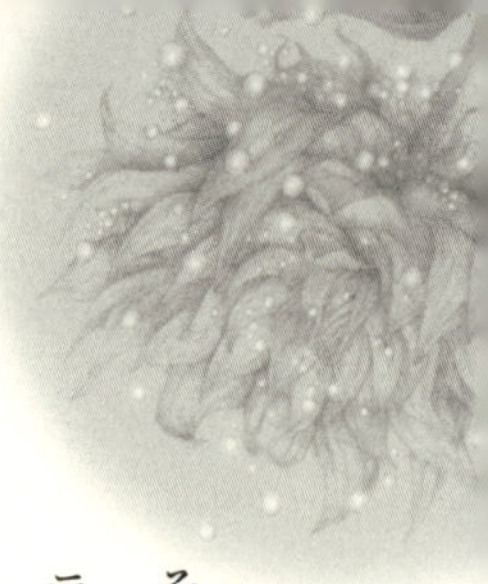

そんな夢をもちながら私は、働きます。
ライフバンク株式会社の理念は「皆さまの豊かな人生を提案し、共に前進します」です。同時に私は「かみさんの豊かな人生を提案し、実現させます。」しかし、かみさんは「先に従業員の豊かな人生を提案し、実現させて！順番が違うでしょ」って言うでしょうね。

最後に、
かみさん！かっちゃん！弘子さま！ありがとう！

追記、かみさんの力で、両親は同居して二年経った今もますます元気です。

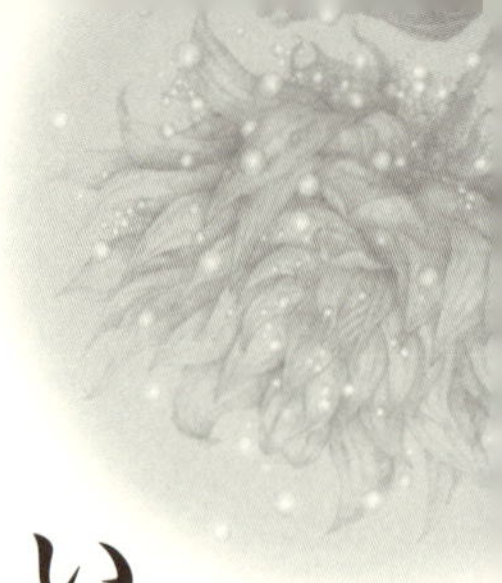

いつもありがとう、我が女房

シティコンピュータ株式会社　代表取締役
川原　純行

夫婦になって、早いもので今年で三十五年。こどもにも恵まれて二男一女、その二男達は、今、会社を手伝ってくれています。素直で真面目に育ってくれているのは、妻のお陰だと思っています。

結婚した時は、妻も働いており、恥ずかしながら私より、妻の方が給与が多かったので、何とかガンバッテ妻よりは、多く貰える様に努力していましたが、中々直ぐに超えることはできないのに、小遣いだけはよく使っていました、ある時小遣いが少なくなって来ましたので、銀行のキャッシュカードを持っていましたので、こそっとお金を引き出してしまいました、

その夜普通は通帳に記載するのは数ヶ月ごとでしたのに、その日にたまたま記載していまして、私が引きだした行がその日の最後でしたので、引きだした事がバレバレ

でその日からキャッシュカードは没収されてしまいました、何も言えなかったですね、悪いことはできないものです。

もともと私の家計は、農業が主でしたので今もお米を作っていますが、妻は農業をしたことが無かったので重労働さはわかって居なかったと思いますが、体力勝負です。この頃は細くて大丈夫か心配していましたが頑張ってくれていました。妻も働いていましたので二足のわらじを履いて、米、タマネギ、みかんとを休みになれば農業の手伝いをする日々でした。

会社を経営する時も、お金の準備をして貰ったりしていました。お金のことにはいつも迷惑をかけていたにもかかわらず、又しても私は懲りずに、株で失敗をしてしまった。親父から、株の信用買いはするなと言われていたにもかかわらず、手を出して大きな金額をマイナスにしてしまった。怒ってはいたけれどその時も妻は、父親からの遺産を使ってしまったのに、準備をしてくれました。いつもいつもすまないと思っています。

この頃の夫婦の話題は、もっぱらまだ結婚をしていない二人の子供達のことで、いつ結婚するのかといったことや、長男の孫（男の子二人）のことなどが楽しみな夫婦の会話となっています。私は仕事でよく東京に出張しますので孫に会う機会が多いですが、妻はなかなか東京に行く事が無いので、写真や動画をアップして楽しんでいます。

先日も、あまりゴルフをしていなかったのですが、今年になってから健康の為に少しゴルフをする様になり、スコアが少しアップすることで調子に乗ってゴルフクラブを数本購入しました。事後報告でしたが、その時に妻が「お父さんが稼いでいるのだからいいのでは無いですか」と言ってくれました。この一言が心に響き、すまない気持ちと、又、仕事に対してやる気を出させてくれます。妻はあまり服を買ったり美味しい食事をしたりすることが少ないのに第一に私の事を考えてくれて・・・。

この頃、テレビや外国映画を観ているとき、特に熟年の夫婦が手をつないで歩いている光景を見て、ふと自分達の事を考えた時に、そう言えばいつ手をつないで歩いたのか記憶に無いのです。今度二人で旅行した時に手をつないで歩きたいものですね。

これからもずっと仲良く、子供達と孫達、未来の孫達と一緒に楽しい日々を過ごしていきたいものです、田舎ですので近所付合い、家庭や農業、妻には全てをお願いしています。少し肥ったせいかこの頃は膝が痛くて大変だと言っていますが、健康であることを願っています、来世も私の伴侶になってもらいたいと思っています、ありがとうと言葉では恥ずかしくて表現できないが、いつも感謝しています。

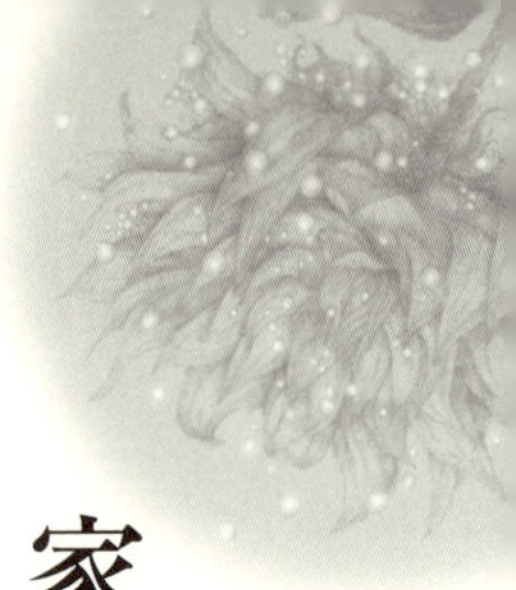

家内あっての私

株式会社オーパス　代表取締役
河村 健次郎

私は、家内と結婚しましたのは、昭和48年11月3日です。

結婚しまして40年以上経っていますが、振り返ってみますと、本当にそんなに経っているかなという感じです。私は大学を昭和43年に出まして、大阪の電力会社に入社致しました。結婚する1年位前から、私の能力不足もあり、私がどうも電力会社に向いてないような感じがしておりました。その当時、又、実父が、胃ガンが転移し、後1年位しかもたないと医者から言われておりましたので、3人兄弟で末っ子の私だけが結婚しておりませんでした。結婚し、父を安心させようと思っておりました。家内の方は3人姉妹の長女で、東京から帰りたくなかったのですが、長女として養子を取らなければならない状況だったそうです。

2人は結婚しなければならない状況があり、48年8月に見合いをし、3ヵ月弱で結婚した訳です。私は、会社を10月末まで勤務し、3日後に結婚式を挙げるという大変慌ただしい日程でした。

大阪の電力会社は私にとって向いてなかったと思いますが、社会人としての基本を教えてもらい、又、同期が、事務職22名、技術職28名の50名という少人数でしたので、いまだに何人か親しく付き合いをしており、本当に良い会社に入社したと心より感謝しております。養父は小売業をしており、大変勉強家ですが、一方の私は末っ子の甘えん坊で、大学時代はあまり勉強せず、又、会社に勤務してからも、一生懸命仕事をしておりませんでしたので、養父からみると大変頼りがいがなく、零細企業とはいえ、とてもまかせられないと感じたと思います。その為、結婚して10年位養父といつも衝突しておりましたが、その間家内は養父と私の間に入り、大変苦労したと思います。後に養母から聞いたのですが、どちらかというと私側に立ち、養父に厳しく意見を言っていたそうです。

一時私が父の会社を出て、自分でドライブ・インを経営していた時も、父の会社の中心になり頑張ってくれていました。結婚して間もなく長女が生まれましたが、当時は養母の他、2人の妹がいたとはいえ、長女の面倒を見ながら、父の会社の経営を助け、大変良く頑張ってくれ、今思うと本当に申し訳ないことをしたと思っております。

その後長男が生まれ、養父との関係も良くなり、会社に帰り、養父の後を継ぎました。零細企業ながら、今年創業１１３年になりますが、家内はそのＤＮＡをしっかり受け継いでいるなと思っております。友人が冗談めかして（本当は本心だと思いますが・・・・）私の会社は家内がいなければ会社が潰れると私に言いますが、その通りかもわかりません。今から20年位前、友人２人と３人で食事をした時のことを思い出します。友人の１人の父親は大企業の社長、もう１人の友人の父親は官僚のナンバー２の方でしたが、２人とも異口同音に、オヤジよりオフクロの方が偉いと言ったことを思い出します。友人２人の父親とは違って私は平凡な男ですが、家内あっての私だと自分に言い聞かす毎日です。

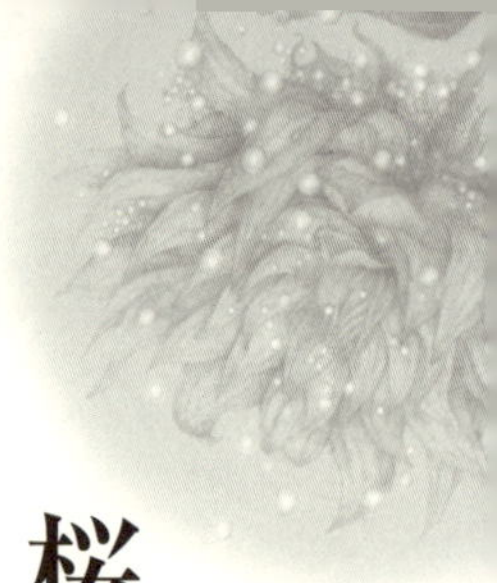

桜の季節になると思い出すこと

よつばコンサルティング CEO 公認会計士・税理士　神門　剛

妻の麻利とは、遅くに結婚したこともあり、さほど長い時間を共有してきたわけではありません。けれど、私の人生も折り返しを通過し、この先何があるか分かりませんから、この辺で妻と過ごした時間を振り返り、懺悔しておくのもよいかもしれないと思い、筆をとりました。

私は、東京に本社を置く経営コンサルティング会社／監査法人／税理士法人を主催しており、約六〇名のメンバーとともに、国内やアジアを飛び回る日々を送っています。妻の父親も同業でして、その辺りが馴れ初めになります。

蛙の子は蛙――妻も同業者でした。私のような専門職が同業者を妻に持つというのは良し悪しと言われますが、私の場合には幸いに、良い面ばかりだった気がします。家庭で仕事の話をすることは殆ど無いため心が安らぐ一方で、根底では仕事に対して理解してくれている、そのように思えるのです。

私が会社を立ち上げたのは、妻と出会う数年前でした。それまで十年近く東京の大手会計事務所グループで猛烈に勉強と仕事をしてきましたが、ひょんなことから独立しました。それまでの顧客とは縁を切ってゼロからスタートしましたので、収益見通しはありませんし、ろくに外交活動もしなかったのですが、不思議と仕事が途切れることなく、順調な滑り出しとなりました。

「なんだ簡単じゃないか」。いま思えば、零細企業であるにもかかわらず、楽に食べていけている状況に気が緩んだのだと思います。毎晩のように飲み歩く生活でした。

そんなときに妻と結婚しました。新宿にある邸宅型式場での披露宴、私は来賓の皆様に「私は結婚しても変わりません」と高らかに宣言。事業は変わらず順調でしたが、夜の飲み歩きの回数も減ることはありませんでした。

妻は結婚後もそれまでの仕事を続けており、なかなかの激務でしたので、平日はたまに朝食を一緒にとる位で、他人からみれば家庭内別居をしているような状況でした。

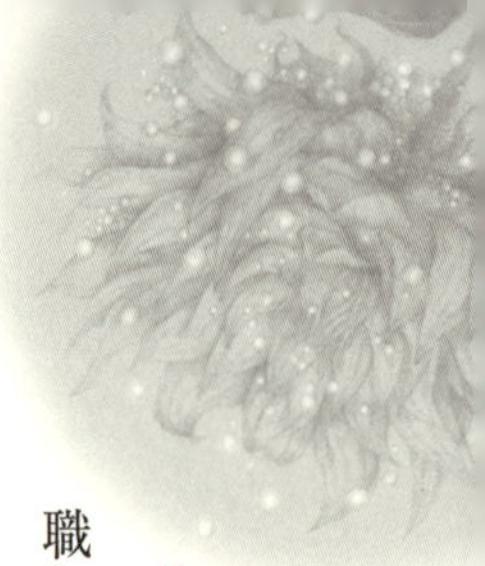

そうしているうちに子宝に恵まれました。妻はギリギリまで働いた上でいったん休職し、子育てに専念することになりました。

ところが、その直後に、ある事が妻を悩ませることになります。それは、私も関係するある事情により、妻が職場を辞めなければいけないかもしれない状況になったのです。それまでの職場での仕事が天職と感じていた妻にとって、それは死刑宣告に値する事態でした。私はというと、そのような妻の悩みに気付かず、仕事上の付き合いを理由に帰宅は連日午前様でした。

そして妻が倒れました。仕事ではハードワークをこなしてきた妻でしたが、心労が限界に達したのでした。妻は職場を去ることになりました。

「麻利さん、ごめん」。病室の窓から見える桜の、美しくも儚い現実。そのときまでの私のささやかな成功は、妻の犠牲の上に成り立っているのだということを、このとき初めて知りました。

あれから時間が経ち、二人目の子供も生まれました。子供達は皆元気です。それでも毎年春になると、あのときのことを思い出します。そして、自責の念に駆られ自分に言い聞かせます。「私が元気に仕事をしていられるのは、妻の存在があってこそだ」と。

事業の方はと言えば、お陰様で順調です。謙虚にして奢らず、経営の難しさも体験しました。深酒はめったにしなくなりました。妻も元気です。

麻利さん、これからの人生もよろしくね。

そして、ありがとう。

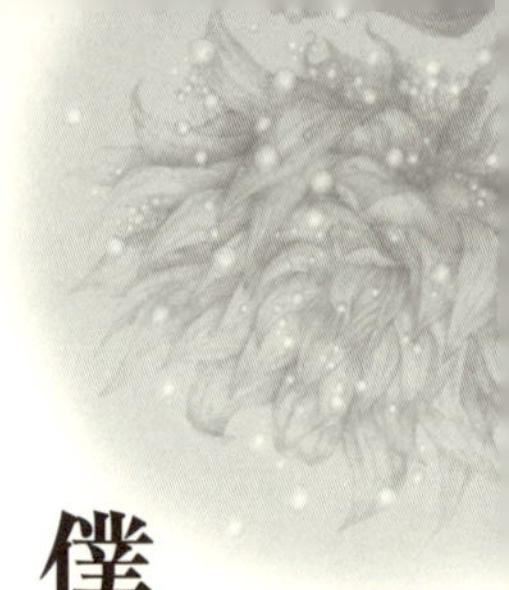

僕の成功は、旬子さんのおかげ

株式会社トーイズ　代表取締役
北原 照久

五十代から還暦を迎える頃に、ひとからよく言われました。

「北原さんの成功は旬子さんのおかげだね」と。

僕自身ががんばっているから今があるとずっと思っていたのですが、いろいろな所で何人からも同様のことを言われて、改めて気づきました。そうだ、女房のような女性はなかなかいない。

仕事上、何かを集めている人たちに会い、コレクションを見せてもらうことがたびたびあります。集める行為は狩猟本能に基づいた行為であり、そのほとんどは男性なのですが、また同時に、そのほとんどは女性の理解を得られていないのです。女性は生活のために現実的な判断をするので、何の役にも立たない、一見ムダなものに多くのお金と労力を割く事を良しとしないものなのです。

ところで、皆さんは僕をおもちゃコレクターと思っているでしょうけれど、ブリキのおもちゃは全体の二割程度です。明治、大正、昭和の広告もの、ポスターや看板、マッチのラベル、ラジオや時計、レコード、雑誌など、ありとあらゆる生活骨董など、常識的に考えて普通ではない量です。古いものばかりではありません。現代作家のアート作品も美術館展示をして、全てを並べきれない数。

それら全てに対価としてお金がかかっているし、手に入れれば保存にもお金がかかり続けているわけです。夫がものを買い続ける姿を見ていながら、容認している我が女房はすごい。自分自身がとても大きく動いていると思っていましたが、実は手のひらの上で動かされていたのかと悟る心境です。一般的、常識的に考えて普通ではない量を集めたコレクターの僕は、女房の理解無しにはあり得なかったでしょう。

もうひとつエピソードをお話ししますと、僕は、中学校卒業間近に新聞沙汰を起こして退学処分を受けています。偶発事故なのですが、起きたことは事実。住んでいた京橋は平和な町だったので、これがかすむような事件が起こることもなく、忘れた頃にまた話題に挙がるわけです。話に出た途端、僕の中に我慢できないアレルギー反応が起こって、その話を始めた人に殴りかかりたいような、大声を出したいような、何

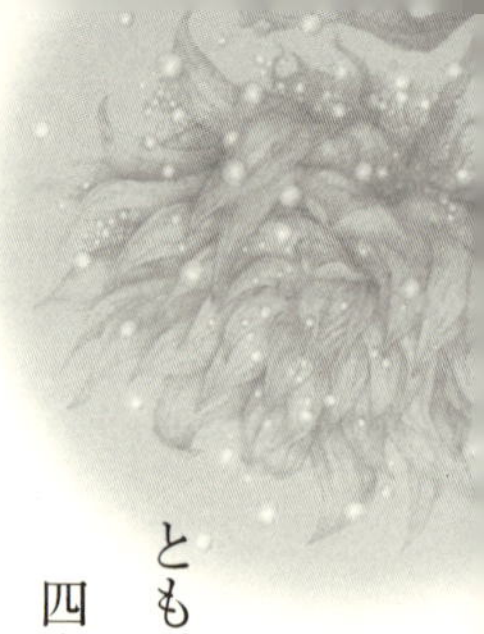

とも言えない衝動に駆られていました。

四十代半ば、まさに忘れていた頃でしたが、テレビに出るようになった頃に、女房と一緒に親戚を訪ねることがあって「今はテレビに出たりして鼻が高いけれど、昔は・・・」とその話が出たのです。僕にはアレルギー反応が起こりましたし、初めて女房の前で話題になったので、強烈な反応を起こしてしまいました。ふたりになった帰り道に尋ねてみたのです。「さっきのことだけど・・・」と。

あっさりと「知っていた。何回か聞いたけれど、言ったら傷つくことだとわかっていたから言わなかった」という答えに驚きました。

人間誰しもウィークポイントや言われたくないことがあるもの。知っていても知らないふりをして話題にしない、それが大人です。女房の気付かないふりをしていた優しさ。あの日それを知った時に、感動しました。

最後に男性諸氏にこの言葉を送ります。

「女房にはどんな優秀な弁護士より、ごめんの一言。」

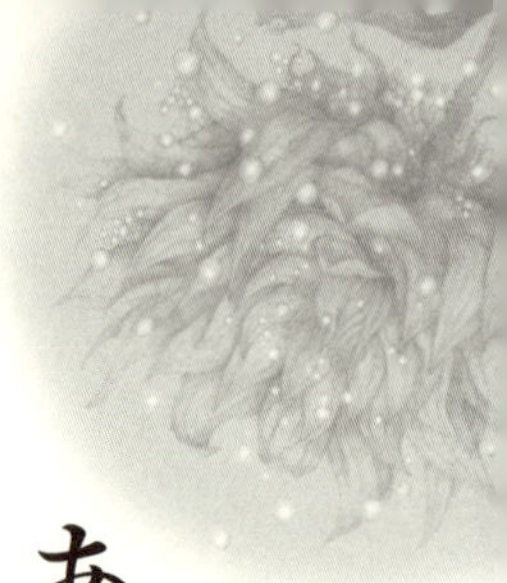

ありがとう女房

弁護士法人ベリーベスト法律事務所　事務局長
木村　秀朝

一緒になってくれてありがとう
2人の可愛い子供をありがとう
子供の育児をありがとう
家事の全部をありがとう
10年間支えてくれてありがとう

22歳という若さで子供を産んで、周りの友達が就職して遊んでいる中、我慢ばっかりの生活だったと思います。初めての育児はわからないことばかりだったよね。ストレスも溜まるし、育児ノイローゼになりかけたこともあったかな。それでも、愚痴一つこぼさずに、頑張ってくれたよね。

子供が幼稚園に入るときも、小学校に入るときも、旦那として協力ができなくて本当に申し訳ないと思う日々でした。もっと子供に興味を持てと叱られもしました。でも、貴方だから子供のことを安心して任せることができました。

家庭がうまくいかないと、仕事もうまくいかない
仕事がうまくいかないと、家庭もうまくいかない
僕の仕事に対して、深い理解をしてくれてありがとう
その理解に甘えてしまったダメな夫を支えてくれてありがとう

結婚10年、まだまだ先の長い人生
これまでもたくさん迷惑をかけて、心配をかけたよね
これからもたくさんの迷惑をかけて、心配をかけると思います
そのときに、素直にありがとうと言えるような関係でいられたら最高です

本当に出会ってから、今日までたくさんのありがとうをありがとう

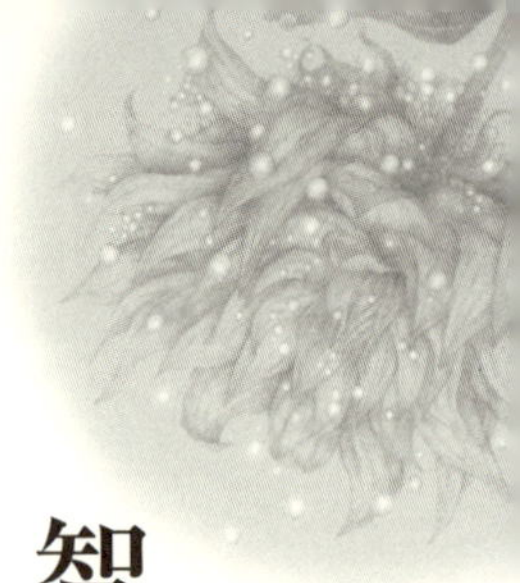

智ちゃん少し休んでね！

ピースフル社会保険労務士事務所　代表　工藤　一樹

智ちゃんと結婚してからもう12年が経ちました。あっという間でした。

転職した先で、「ずいぶん怖い女性社員たちがいるものだ」と思ったそのうちの一人と、まさか結婚するなんて夢にも思わなかった。

結婚指輪を買いに行ったとき、買った指輪をデパートの床に置いて別の商品を見ているうちに、指輪を置き去りにして立ち去ってしまったり、市役所に婚姻届を提出しに行ったとき、保証人の署名をもらい忘れていたり、出だしからおっちょこちょいな夫婦でしたね。

結婚してすぐに長女を授かり、夫婦二人の時間はあまりなかったですね。

新婚旅行の時は、お腹の中にいる長女の影響で体調が最悪。阿蘇の絶景も目に入らなかったでしょう。いつか二人で同じコースを旅行したいですね。

長女が生まれてからは、育児に仕事に本当に忙しい毎日でしたね。

子供のことを考えて、布おむつを丁寧に洗濯して使い続けていました。離乳食も自分で作って保存していました。感謝と同時に「すごいなあ」と思っていました。

長女の入院に付き添ったとき、疲れから今度は自分が救急車で運ばれましたね。それくらい一生懸命に看病してくれたことをすごく感謝しています。救急車の中で苦しんでいた姿を、今でもはっきり覚えています。

僕が肺炎で入院した時、毎日お見舞いに来てくれましたね。本当に嬉しかったです。看護師さんたちも羨ましがっていましたよ。

それからは育児と仕事の両立も大変でしたね。職場の人たちの何気ない一言に嫌な思いをしたり、同じ職場にいながら何の力にもなれませんでした。

その後手にしたマイホーム。家計を切り盛りしてくれた智ちゃんのおかげで購入できました。本当にありがとう。念願のマイホームに引っ越し、喜んでいたあのときの笑顔が今でも忘れられません。

ようやく二人目の子を授かると、さらに忙しい日々が待っていました。のんびり屋の長女とお転婆な次女、まだまだしばらくは育児に仕事に大変な日が続きそうです

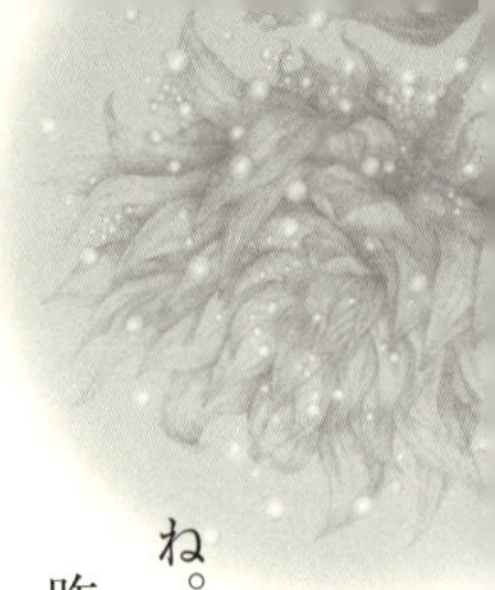

ね。

昨年には我が家にとって大きな決断をすることになりました。それは僕の「独立起業」です。

本当は反対だったはずなのに、黙っていてくれたことをすごく感謝しています。その分「絶対に智ちゃんを幸せにするんだ！」と頑張る原動力になっています。

十二年間を振り返ると、智ちゃんにはただただ「感謝」しかありません。こんな僕に寄り添ってくれて、支えてくれて、二人のかわいい娘を産んでくれて、本当にありがとう。

でも一つ心配なことがあります。それは智ちゃんはまじめすぎて、一生懸命になりすぎて、休むことを後回しにしていませんか？休むことをもっとしてほしいのです。無理やりでもいいから、もう少し休んでください。ゆっくりしてください。そして、僕よりも長生きしてください。

体を壊しては何もできなくなります。病気になってからでは遅いです。もう少し、無理やりでもいいから自分の時間を作って、ストレスを解消してください。

家のこと、子供達のことは何とかなります。気にしないで休んでください。

そして、子供達がもっと大きくなったら、二人でたくさん旅行に行きましょう。智ちゃんの好きなバイクにも乗りたいですね。今まで行けなかった海外旅行にも行きたいですね。美味しいものもたくさん食べに行きましょう。大好きなホテルバイキングにも行きましょう。

そのためにも、僕はまだまだ頑張ります。智ちゃんの支えがあれば、僕は頑張れます。だからくれぐれも健康には気を付けて、無理をしないでくださいね。

今まで本当にありがとう。

これからもよろしくお願いします！

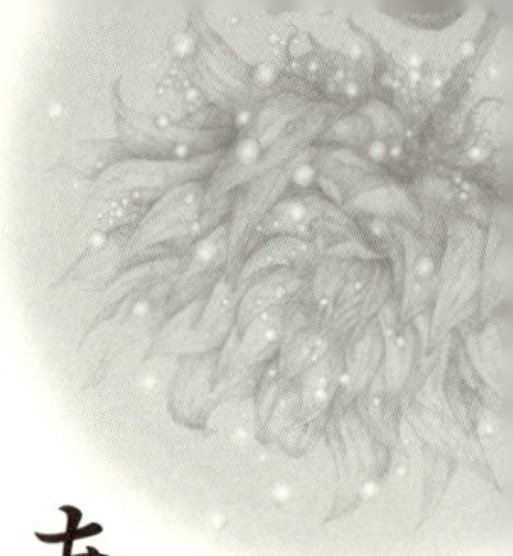

あなたに出会えた幸運

はる総合法律事務所　弁護士　隈部 泰正

当たり前のことですが、自分は自分の価値観に従って生きているわけです。もちろん、自分の価値観は、自分の親や学校の教育、その他諸先輩方からのアドバイスなどが折り重なって形成されたものですし、そのことは間違っていないと思いますし、その当否を話したいわけではないのです。

ただ、結婚をして、家族となって奥さんと一緒に家庭を築いていくなかでは、一人でいた時には気が付かなかったり、見えなかったことが非常にたくさんあります。それは生活の中の小さなことから、ものの見方に至るまで様々なことで、具体的なことを書き始めたらページが足りなくなりそうなのでそれはまた今度にしますが、奥さんとする色々な話のなかで、自分がこれまで培ってきた価値観や経験からは、考えてもみなかったことが出てくることが多々あります。

そういった「新たな気付き」というのは、私の人生を豊かにしてくれるものですが、それを言葉にして気が付かせてくれるのは、私に対する深い思いやりや期待の気持ち、それと大きなパワーがないとできないことだと思っています。そして、これはまた、奥さんが、奥さんと私の家庭というのをとても大事に考え、いつも、どうしたらより良くなるんだろうと考えてくれているからこそのものだと思っています。

もう一つ、これは私以外の方は違うかもしれないのですが、私個人としては（特に家庭生活においてということになると思いますが）、何かに気が付いたり、思い至るようになることと、そういった気が付いたり、思い至ったことを実践に移して実現するということが、必ずしも時間的にイコールになりません。持って回った言い方ですが、要するに、簡単に全てができるわけではないというわけです。そんな状況なのですが、奥さんは、とても我慢強く、温かい気持ちで接してくれています。言葉にすると簡単になってしまいますが、実際のことを考えたとき、それは凄いことで感謝の言葉しかありません。

奥さんと出会った人生と出会わなかった人生を考えたとき、私の人生は全く違っていたものになっていたのではないかと思います。一方で、私が奥さんに返してあげて

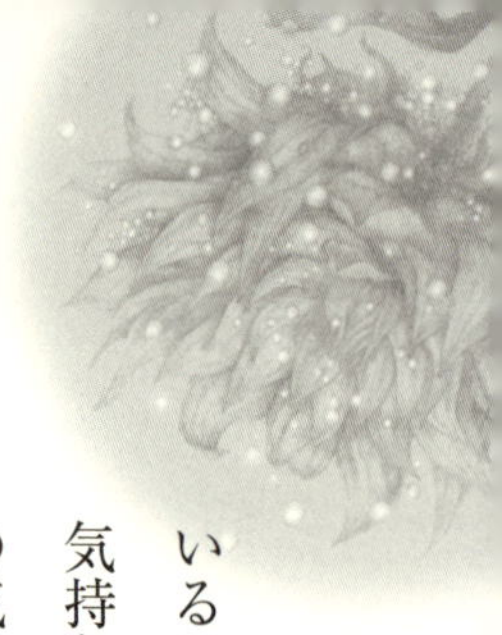

いることは何なのかと考えたときに、・・・と思う面もあります。私としては、人の気持ちは言葉にしなければ伝わらないことも多く、このあたりのことも含めて、感謝の気持ちを積極的に言葉にして伝えるべきだと思っています。とはいえ、奥さんに対する感謝の気持ちの全てを言葉で表現し尽くすのは至難の業と言わざるを得ません。
　そこで、それは今後に期待してもらうとして、今は、「ありがとう」という言葉の中に大きな大きな感謝の気持ちをこめて贈ります。

弘美と共に歩いた二十六年間に感謝!!

株式会社銀蔵　代表取締役社長　香坂 伸治

弘美と初めて出会ったのは今からもう二十六年前、一九八八年ですね。アッという間に過ぎたこの二十六年ですが、今日迄言葉に言い表せない位、感謝しています。日頃感謝の気持ちを伝える機会が無かったので、これを機にありったけの感謝の気持ちを伝えたいと思います。

初めて出会った時の弘美はまだ十八歳でしたね。高校を卒業して初めてのアルバイトの職場での出会いでした。印象は明るくて笑顔がとても可愛らしかったのを今でもしっかりと覚えています。やがて、お付き合いを始めたのが弘美の二十歳の誕生日でした。一世一代の告白。弘美は笑顔で受け入れてくれました。

それから、結婚にいたる迄に時間はかかりませんでしたね。当時の私はお店の店長を任されており、仕事もハードで不規則で大変な時期でしたが、いつも笑顔の弘美に支えられていました。いつも一緒にロイヤルホストで食事しながら、どんなに大変な事があっても、一緒にいてくれるだけでストレスが発散出来ていました。

平成三年三月三日大安吉日、私たちは晴れて夫婦となりました。一生に一度の日だから、一年以上前から三三三＋大安というゴロの良い日で式が挙げられる様、両家の親と共に真剣に式場探しをしたものです。今から思えば、短大を卒業して、社会に出て色んな楽しい事にチャレンジする機会もあったと思いますが、私との結婚の道を選択してくれました。とても勇気ある決断に感謝です。

そして、結婚したその年に初めての子供を授かる事になります。弘美が分娩室で初めての子供を産む為に苦しんでいる時に私は何と阿蘇でゴルフをしていました。予定日が早まったとはいえ、いまだに後悔です。それから子育てが始まりましたが、両家の両親の温かいサポートもあり、長男の祐治は順調にすくすくと育ちました。二十四時間体制の弘美にどれだけサポートで出来たかというと、それは殆ど弘美任せだった様に思いますが、愚痴一つこぼさず家事・育児をやってくれました。弘美は年を追う毎にたくましくなってくれました。年は私と八歳違いですが、私の方が頼る事も多々ありました。

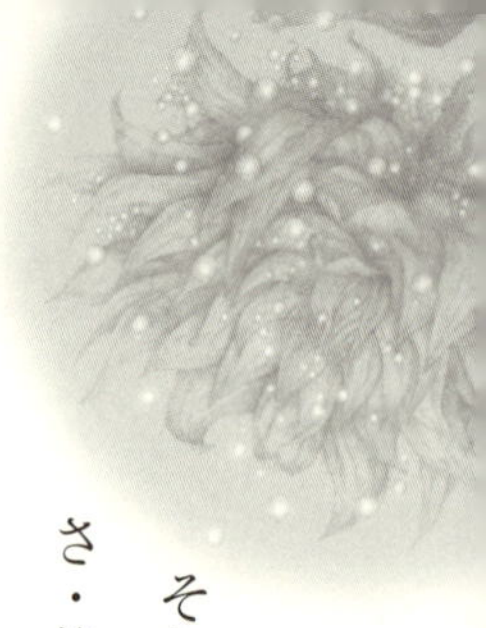

それから次男の健太が生まれ、益々育児も大変になってきましたが、持ち前の明るさ・笑顔で子供達や私に愛情を注いでくれました。そして、我が家にも大きな決断の時が訪れました。

当時の会社から米国シカゴへの海外赴任の打診です。弘美がどう反応するのか正直不安でした。当時、弘美は三人目の美佳を身籠っていました。その時もまた満面の笑顔で賛成してくれました。どれだけありがたかったことか。三人の子供を連れて全くの異国の地に行く事はとても勇気のいる事だと思います。しかも赴任時に産まれたばかりの長女の美佳を連れてゆく事は大変な決断です。

米国に赴任してからは、私も比較的多くの時間を家族と過ごす事が出来、家族の絆を強める事ができました。不慣れな英語圏での仕事も弘美を中心とした家族のおかげで乗り切る事ができました。私はこの家族の為に一生頑張ろうと決意を新たにしました。これも全て弘美のおかげです。

米国から帰国するのを機に、我が家は横浜に一軒家のマイホームを持つ事ができました。そして私の転職。これらも大きな決断でしたが、弘美は絶対に賛成してくれると思っていました。多分弘美は私の性格を完全に見抜いていて、常にその時々に応じたサポートをどうすれば良いかを考えてくれたのだと思います。

今年で結婚して早二十三年になりました。長男祐治二十二歳、次男健太二十歳、長女美佳十五歳、三人の子供は三人三様ですが立派に育っています。子育て家事等々は全て弘美任せでした。私が仕事に安心して打ち込めるのも弘美の献身的なサポートのおかげです。本当にありがとう!!

私はこれからも弘美の為、家族の為に一生懸命頑張ります。お互いに健康に十分注意して、一日でも長く一緒にいられる様に頑張りましょう！

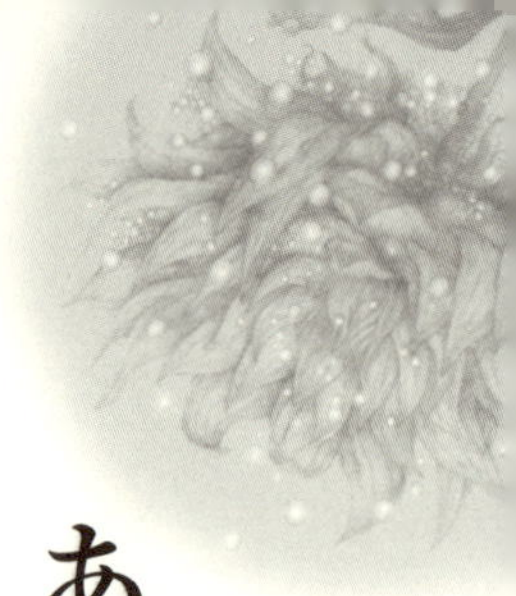

あなたは夢を叶えられる人

外資系生命保険会社のセールスコーチ　後藤　光

私達は結婚五年目。いまだから言えるありがとう、それは結婚二年目の出来事です。私はその当時、人材紹介会社のキャリアカウンセラーとして勤務しておりました。社会貢献性も高く、やりがいもあり、給与も安定しておりました。

そんな私がなぜ会社を辞め、独立をしたのか？私には夢があります。それは「子どもたちが夢を信じて生きられる社会を作る」こと。そのためには「夢を追いかけている大人が増える」ことから始めることと考えています。

コーチングという仕事を通して、夢を追いかけて輝いている大人が増えるお手伝いがしたい。そう思って独立をしました。現在は生命保険のライフプランナーの方向けに、売上げＵＰのコーチングをやらせて頂いています。

生命保険の経験もない、営業経験もほとんどない私がコーチとして関わって、なぜ成果が上がっていくのか？それは「ノウハウ提供スタイル」ではなく「心理学的アプローチ」だから。みなさん多くの場合、やらなきゃいけないこと、やったら良くなりそうなことというのはおおよそ自覚があるものです。ただその「思考」が「行動」に繋がっていない。「思考」を「行動」に変える。クライアントそれぞれが持つ目標ややるべきことを「やりたいこと」「やりたいやり方」に変換すること。ただそれだけのことなんです。クライアントさんのほとんどが四ヶ月後には、おおよそ一・五倍の成果を出して下さっています。

妻との一番の大きな想い出は、結婚式。私と妻は「結婚式は今まで私達を育てて下さった方々の感謝祭」と考え、参列して下さる方々が喜んで下さる結婚式を目指しました。そのために引き出物は参列者へのサプライズを用意しました。それは「引き出物＝井戸」ということ。カンボジアに井戸を五基掘って、その看板に参列者のお名前を入れさせて頂きました。日本の慣習ではありえない、こんなアイディアにも妻は賛成をしてくれ、参列者の方々にも非常に喜んで頂けた結婚式となりました。

私が独立をしたのは結婚して一年ほど経ってから。独立を決めた時、見込客は０。キャリアカウンセラーでしたので、社長の人脈などもあるわけではなく、勢いで独立した形になりました。不安とともにもがく毎日。しかし見込客０の状態からすぐに売上げが上がるわけもありません。半年後、貯金も底をつき、かと言って売上げも大して上がっておらず生活がままならない状況になってしまいました。なかなか成果が出ず心が折れそうな自分、そして不安ばかりが広がっていく毎日。

見込客０の状態だとわかっていながら、妻は賛成してくれました。「それがあなたらしくていいんじゃない！」と。そんな風に言ってくれた妻に感謝をしながらも、同時に成果が上げられない自分を責め、妻に対して申し訳ない気持ちでいっぱいでした。

そしてある日、改めて妻と話をしました。「ここまで半年間、活動してきたけど成果が上げられない。そんな状態を本当に申し訳なく思う。だからもう一ヶ月やってみて先が見えないようだったら会社員に戻ろうと思う。」

その時妻はこう言ってくれました。「私は、あなたは能力を持っているし、目指していることを実現できる人だと思ってる。確かにこの半年間は苦戦をしているかもしれない。でも、人生の中で考えたら半年なんて短い期間じゃない⁉ だったらできてないことを考えるのではなく、出来る方法を考えたほうがいいんじゃない⁉私は仮に世の中すべての人があなたの敵に回ったとしても、絶対にあなたを応援し続けるから一緒に頑張ろうよ」と。

私は涙が出るほど嬉しかったです。それまでの半年間のことを責められるかもしれない。結果が出ていないことを否定されるかもしれない。そんな気持ちでいる中で「絶対応援するから」と言ってくれたこと。それは私にとってとてつもないエネルギーになりました。「なんでできないんだ！」と叱責されるよりも「あなたならできる」と応援されると、「その気持ちに応えたい！」「その気持ちを裏切りたくない」と逆に頑張らないといけない心境になりました。

「仕事で挫けそうでも、否定されても、クレームをもらっても、営業がうまくいかなくても、どんなときでも味方になってくれる人がいる」という心の支えをもらえたことに心から感謝しています。これからも苦しい時、辛い時、うまくいかない時もあると思いますが、この一言を支えに発展、進化を続けていきたいと思っています。

妻と出逢わなければ、今の自分はありません。彼女の存在自体が今の自分のエネルギー、モチベーションになっています。そんな妻と出逢えて、本当に幸せです。ありがとう。

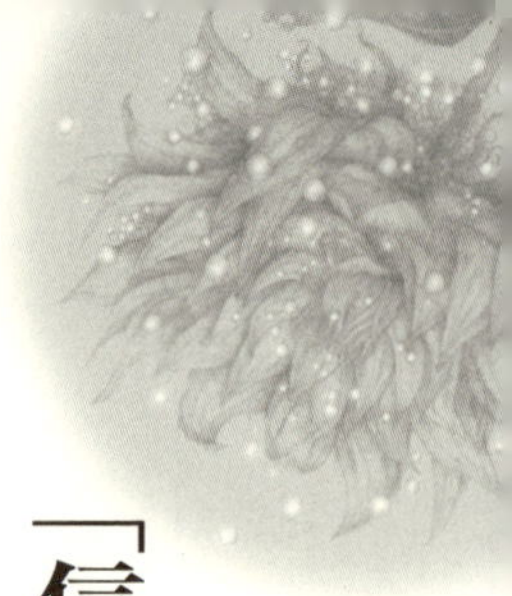

「信頼」「希望」「愛」を共に～幹子さん、ありがとう

東京リライアンス株式会社　取締役会長　齋藤　勝幸

まず私の会社について申しますと、企業再生とＭ＆Ａを中心とした業務を行っています。二〇一四年六月に港区芝公園に友人と二人で立ち上げました。まだできたてのホヤホヤの会社です。これまで私のやってきた仕事は多岐にわたります。メガバンクの銀行員、上場企業の役員を三社、その他の会社を経て現在も一五社の会社の顧問をしております。その間、妻にはさまざまな場面で苦労をかけ、助けていただきました。私が大学一年、妻が高校三年からのつきあいですから、もう約五〇年のつきあいです。妻に感謝しつつ、当時の苦労、思い出を綴ります。

①ボーナス・ベースアップの存在？

私が富士銀行に入行した一九七〇年代は、割と定期昇給（ベースアップ）が大幅にアップする時代でした。四月の定期昇給が組合と妥結するのが七月頃で四・五・六月三ヵ月分のベースアップ差額とボーナスが出ます。妻は短大卒業後、会社勤務がないのと、実家が建設会社経営なので、ベースアップとボーナスの存在を全く知りませんでした。当時の文京区小石川の富士銀行家庭寮の奥さん仲間でベースアップの差額とボーナスを知らないのは妻だけで、大変肩身の狭い思いをした話を聞き不憫に思った次第です。

②二十七年間に引越し九回――「三年に一度」

富士銀行時代、二十五才で結婚して所帯をもったのは山梨県甲府市でした。そこから五十二才まで神奈川県茅ヶ崎市、平塚市、都下文京区、千葉県野田市、柏市、八千代市、都下世田谷区、現在のさいたま市まで何と二七年間で九回の引越しをしました。野田市からは一戸建住宅で荷物も多く、子供も幼く私は銀行員で帰りが遅く、引越し準備はすべて妻が一人でやりました。本当に頭が下がります。

③次男信和の誕生――四十一才の高齢出産

平成二年に次男信和が生まれました。妻は四十一才でした。当時私と妻には長女（当時十七才）、長男（当時十五才）がいました。長男は当時登校拒否をしていつも自宅におり、妻はその対応に本当に苦労していました。妻は心身共に疲れていまし

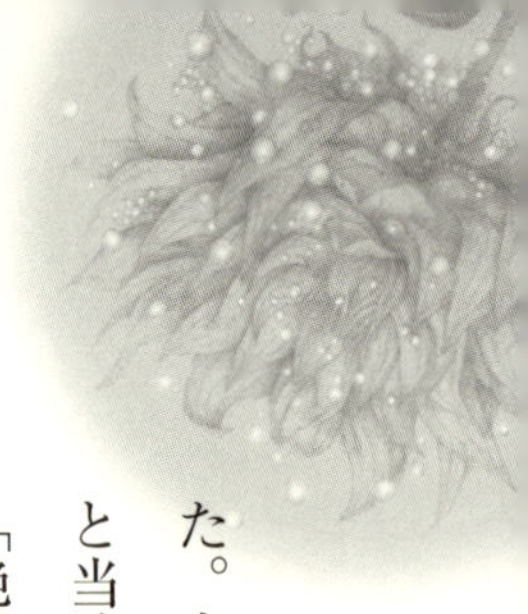

た。夫の私のわがままと横暴さのせいだと思うのですが、妻は病弱な方でした。それと当時四十一才の高齢でした。そういう状況の中で妻は医師に「妊娠」と告げられ、「絶対産む」と主張しました。後述しますが、妻は熱心なクリスチャンで、私も受洗したばかりでした。次男信和は予定日より一ヵ月早く無事生まれました。家族内でいろいろありましたが、新しい生命の誕生で、家族の「和」が保たれたと思います。「高齢」のリスクを省みず、生命を育み、誕生をさせてくれた妻に言葉には表せない位、大感謝です。次男信和は現在二十四才、青山学院大学教育人間科学部を卒業し、現在小学校の教諭を元気にしております。

④キリスト教（プロテスタント）の受洗

私が四十才で富士銀行の支店長をしていた時、海外出張の話がありました。その当時は世界中で航空機が墜落する事故が相次いで、万が一の時葬式を仏式でやるのかどうかで妻と議論しました。私の青森の実家は浄土真宗です。妻は、高校、短大とミッションスクールに通っていて三十五才でプロテスタントに受洗していました。私は田舎の酒飲みのお坊さんをみてて、仏教に疑問を感じていたのと、欧米文化の根幹をなすキリスト教に関心をもっていたので教会に通い始め、一年後に受洗しました。現在は教会を立ち上げ、役員をしております。今は私、妻、長女、長女の夫、次男、孫三人（長女側）も同じ教会へ行っています。長男もたまに来ます。一週間に一度、日曜日に家族が全員顔合わせをします。すばらしいことです。このように皆で会えるのもすべて妻のおかげです。

まあ、そういうことですべて妻のおかげです。新約聖書の中で一番大事なことは「信頼」「希望」「愛」とありますが、この言葉を第一に今後も妻と歩んでいきたいと思います。

妻の優しさ

酒田 隆浩

結婚してから早十年。二十四歳で大学院を卒業して社会人になり、大学時代の友人は既に何人か結婚している中、自分もそろそろ結婚を意識し始めている時に知り合ったのが今の妻の「直子」です。

結婚当時、毎週の出張で家にいるのは土日のみの生活。平日に一人にさせておくのもかわいそうなので、直子の実家に夫婦二人で居候をさせてもらう生活が始まりました。当時は出張先で外食、夜はビジネスホテルに泊まり、新婚生活とは程遠く、温かい手料理を食べたいと思ったことが多々ありました。直子自身、今までずっと家族と暮らしてきたため、料理を自分で作ったことがありませんでした。ただ、僕が土日に自宅に帰った時には必ず手料理を出してくれました。正直、料理をしたことがなかったので作るのにも時間がかかったろうし、味付けもどうすればいいのかわからない状況で、試行錯誤で作ってくれたのだと思います。

結婚してからは、子供を作らず、まずは二人きりの時間を大切にしようと、休みの日には二人で出掛けることが多く、いい時間を過ごした時期だと思います。四年前に子供が生まれ、子供がいる生活ももちろん楽しいですが、二人で過ごした時間も貴重なものだったと振り返ると思えます。

子供の話が出ましたが、子供が生まれた年にちょうど転職をしました。サラリーマンから個人事業主になり、毎月同じ収入が入ってくる生活を続けていた妻にとっては家計のやりくりをするのがすごく大変だったと思います。しかも土日が休みだった前職と比べ、土日も仕事で三六五日ほぼ休みなく働く状態でした。どんな仕事でもそうかと思いますが、新しい仕事を軌道にのせる時期は本当に大変でした。僕の場合は最初の二年間は休みがない状態でしたし、その時には妻の実家を出て暮らしていたので、生まれたばかりの子供を妻が一人で育てていく苦労は計り知れなかったと思います。実際、直子が精神的に参って僕にあたることも多々あり、僕も余裕の無い中、つらくあたったこともあったかと思います。

今の僕があるのは本当に妻、直子がいてくれたからだと思って感謝しています。

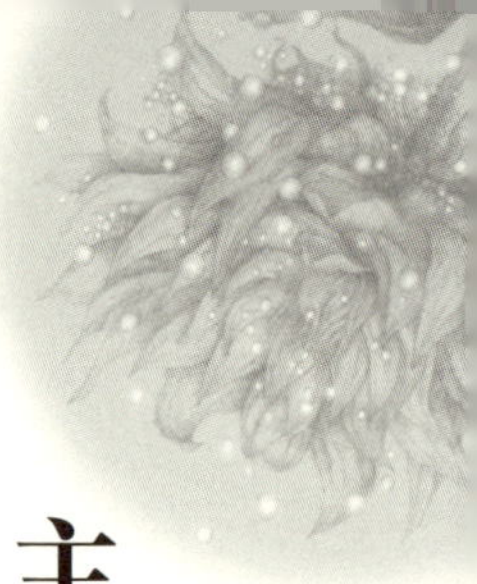

主人の遺志を継いで、頑張っていきます

株式会社月の井酒造店　代表取締役
坂本 敬子

私は茨城県で育ち、東京の女子大へと進みました。当時は食べるのが好きな普通の女子大生でした。ゴルフのトーナメントの企画などを運営している会社に勤めていましたが、お見合いの話があり、後の主人になる坂本和彦と会いました。

お見合いは初めてで、あまり気乗りしないまま水戸のホテルに向かいました。着いてみると「どの人が仲人さん？」と思うほど、初対面の主人は老けていました。美味しいものを食べられると思ったら、すぐ「では、若いお二人で」と放りだされ、仕方なくボーリングをしました。主人の印象は、まじめな人だけどオジサンぽい印象。とても結婚相手になるとは思えない相手でした。しかし仲人さんが上手な人で「向こうは気に入っているから、ぜひもう一度会ってから、断るようにしてください」と言われたのでした。

二度目に主人に会ったら、初対面の印象とはちょっと違って、ユーモアがあって面白い人だ、と思いました。二人ともゴルフが趣味だったのでその点でも気が合って、主人の友人が加わってゴルフを何度か楽しむ日々でした。結局、半年ほどで結婚に踏みきったのです。

新婚のときから大洗町に住みましたが、最初のうち友人は誰もいないので、主人が居なくなると一人でした。主人は昼食をとりに帰ってくれるので、そのとき話ができるのはよかったのですが、話し相手はその主人と、電話をかける実家の母だけでした。天気のいい日に、庭の広い高台の家だったので気分が良くなって、芝生の上で水着に着替えて寝ていたら「こんなところで寝ているバカはいない」と血相を変えた主人から怒られてしまいました。

結婚したとき、主人は月の井酒造の専務でしたが、義父が亡くなって、社長に昇格になりました。とにかく忙しくて家に帰ってこないし、夜も遅くなる日が続きました。長男、次男、長女と三人の子供には恵まれていましたが、帝王切開で四日間、意識が朦朧としていたときも、忙しい主人は立ち会えないような状況でした。

主人に食道ガンが見つかったのは、そんな多忙の最中でした。過労やタバコ、遺伝

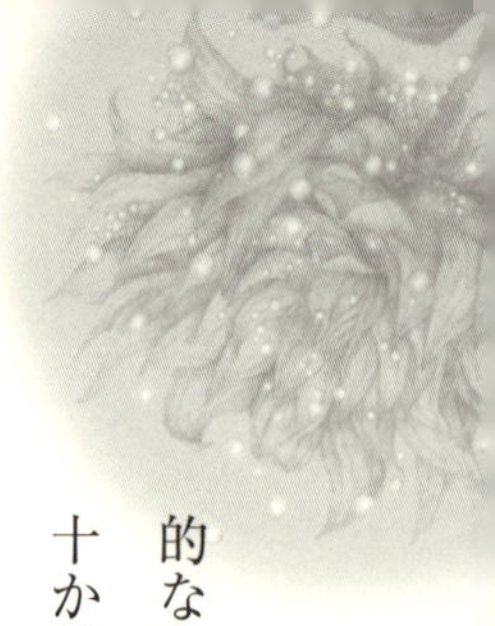

的なものも原因だったのでしょう。お医者さんから、早い場合で余命六か月、平均で十か月、と宣告されてしまいましたが、結局、二年間の闘病生活になりました。

それまで、友人たちが海外旅行に行くのを羨ましく思っていましたし、料理やクラシックバレエなど様々なお稽古ごとをしていた暇な主婦でしたが、そんなことをしている場合じゃないと思いました。

主人は自分の病状を知ってから「子供たちと思い出づくりをしなければ」と思っていたようです。主人の闘病中には「なぜ私たちだけこんな思いをしなければならないのだろう」と思い、辛い気持ちを抱いて泣いていました。すると主人は「人間は苦労と幸せが同じようになるように出来ている。おまえは、今まで楽しく何の苦労もせずに過ごしてきたのだから、仕方ない」と言ったのです。それではっとして「今は苦労の時期」と考えてしっかりしなければいけない、と思い直しました。

私が社長になった経緯ですが、知らないうちに主人が自分を代表取締役にしていた、というのが事実です。

主人は常々「会社が機能しないと困る」と顧問の税理士さんに言って相談していたらしいのです。跡取りとして育てられてきた長男も、まだ高校生だったので、私が社長を引き受けるしかないと決意しました。

主人に対して「ズルいな、この世にいなくて。会社のことも子育ても、私は最後は自分で判断して決めなければならないなんて。つらいです」と言いたい一方で、「志なかばで旅立った主人が、やりたかった事をカタチにしなければいけない」とも思っています。

三・一一では蔵の塀や瓦が壊れ、お酒はドミノ倒しのように割れました。やっと修理したと思ったら、風評被害もあり、まだまだ以前のようにはいきませんが、今年から長男が会社に入って頑張ってくれているので、社内に活気が出てきました。次男は美大に進み卒業間近、長女も「きれいになったね」と言われる女性に育ちました。

今年で一五〇周年になる「月の井」。そしてオーガニックの「和の月」は、主人が闘病中に「身体には有機のものがいい」と語ったことがきっかけになっていて、ラベルの題字も主人の文字です。

主人が大事に育ててきた「月の井」というお酒を、これからも大事にしていきたいと、社長十年目に改めて思いました。いい形で次の世代に受け継いでもらいたいと思っています。

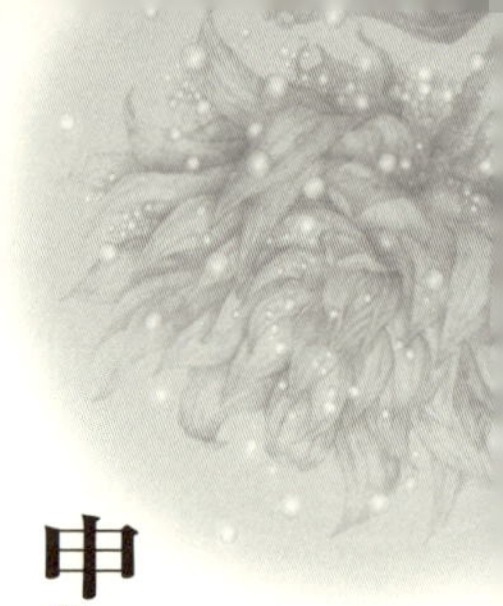

申し訳ない、と言いたいほど、最高に出来た女房です

株式会社ＩＭＵＨ　代表取締役　佐藤　央希

私は北海道虻田郡真狩村の生まれです。父は王子製紙に勤めていて、3歳のときに苫小牧に一家で移り住みました。苫小牧はいわば王子製紙が中心の町でもあり、私も高等専門学校を出たら王子製紙に就職することが当然、と思っておりました。

しかし昭和49年にオイルショックがあり、王子製紙ではなく、苫小牧臨床検査センターというところに就職することになりました。仕事はお医者さんが何百種類もの検査から目的の検査を選ぶためのアドバイスをすることです。いわば専門家としてのスタンスで、お金の話をする営業は別の者が担当していました。

就職して数年後に、けっこう華やかな女性たちが新人として入ってきました。会社は当時、急成長していて毎年男女あわせて20人くらい採用になっていました。この年の新入社員には美形の人が多く、そのうちの一人が当時の松田聖子やピンクレディーのケイちゃんに雰囲気が似ていて、私はたちまち一目惚れしてしまいました。

会社にはできたてのサッカーチームがあり、その娘もしっかりした性格だったので、マネジャーとして活躍していました。すぐ私はアプローチしました。試合の行き帰りの車でいつも一緒だったり、当時羽振りのよかった会社の社員旅行でヨーロッパに行ったときにも同じ組だったり、仲良くなる機会は多かったのです。社内でも噂になりましたが、他にも多くのカップルが誕生していて、みんなすぐ結婚していきました。私もその口で、ヨーロッパ旅行の後に、その娘（いまの妻雅代ですが）にプロポーズして結婚したのです。

結婚してしばらくは順風満帆だったのですが、結婚して数年後に、けっこう大きな変化がありました。この会社は転勤のない会社だと思って勤務していましたが、社業が順調に発展したので、支店が大阪と東京にできることになりました。

その時、東京へ行きたいな、とは思っていたのですが、幸か不幸か、そのとおり東京勤務が決まりました。決まったときは「やった！」と嬉しく思いましたが、家族のことを思うと複雑な気持ちになりました。しかし、子供たちへの説得は、妻が引き受けてくれて、家族がばらばらにならずにすみました。

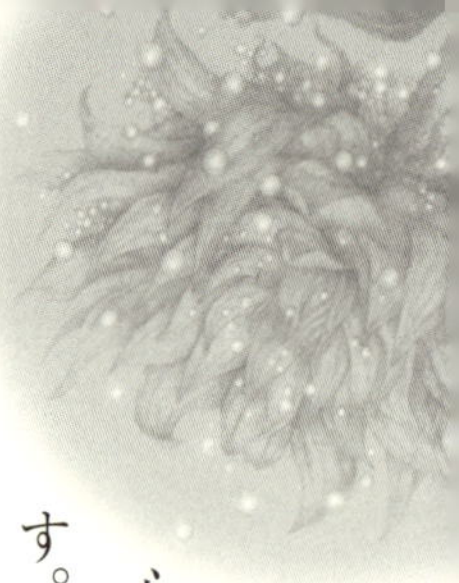

心配だったのは、妻は三男を身ごもっている身重の状態で、出産間近だったのです。そのため、最初は単身赴任で行かざるを得ませんでした。出産の報告は、離れた東京の地で、公衆電話で聞きました。

数カ月後に妻も東京にやってきましたが、慣れない土地で大変な苦労だったと思います。例えば北海道では、エアコンも不要ですが、東京ではさすがにナシという訳にはいかないくらい夏は蒸し暑くなります。街なかでは、人ごみが北海道の比ではありません。この大都会に慣れるのにはいろいろ苦労があったでしょうし、子供たちが大きくなるに連れて、さまざまなトラブルがあったようです。

「あったようです」と言えるのは、じつは妻が面倒なことはまったく私の耳に入らないように心がけてくれていたのです。

今になって、あの時はそんなことがあったのか、とわかるような事も多く、妻はすべて面倒なことに私が関わらなくていいように配慮していたのです。

妻はいまもボーイスカウトのリーダーであり、保育士の資格があり、子供が大好きで、人の世話もいとわない性格です。

これまで自分は、常に仕事のことしか頭にない状態でしたが、自分がわからないところで女房はすべてを、丸く収めてくれていた…。それを思うと、涙が出てくるほど感謝の気持ちでいっぱいになります。

そのため「ありがとう」と、私は対等に胸を張って言うことができません。

それは立派な旦那さんが言うべきことで、自分で何事も勝手に決めて、妻にすべて押しつけてきた私は「すまない」「申し訳ない」としか言えないのです。

これまで、家にあまり居ないときも、文句を言われたことがありません。私は北海道人として「ま、いいべや」という感じで、何事も流してしまうのですが、妻は苦しいときも「どうするの」などとつかみかかってくる事は皆無でした。

数年前にいまの会社に転職して、紀尾井フォーラムを運営するようになりましたが、そのような選択についても、何も言わず好きなようにさせてくれます。

強い女性、強い女房、はたくさんいらっしゃると思いますが、一見そんなに強くは見えないのに、芯があって亭主のやりたいことはすべてやらしてくれる、そんな菩薩のような妻には、頭の下がる感謝の気持ちが100パーセントです。

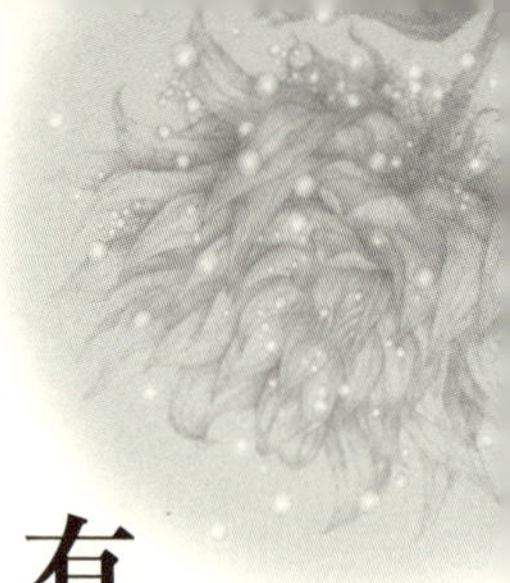

有り難い。こんな環境に感謝！

株式会社いかしあい隊　代表取締役　白根 斉一

二〇一四年一月一五日、長男が生まれた。僕たちにとって初めての子供。妻の大変さは米粒程も理解できていない、と思う。何度、帰ってこなくていい、と言われたろうか。（実際、家に入れない事三度程）何度、実家に帰らせていただきます、と言われたろうか。仕事中にそのようなメールが送られてきたときには、気が滅入ったのを覚えている。メールは反則だ。

しかし、それだけ妻が大変だったと言う事だと思う。男は母親の大変さを理解できない。ましては鈍感と言われる僕にはさっぱりだ。こんなに自分勝手に仕事とプライベートを過ごさせてもらい感謝している。

前述で気付いていていただけたかもしれないが、妻は、気が強い。地域性の第一人者の矢野新一先生によると、妻の育った岡山の女性は気が強い人が多いそうだ。岡山県出身女性が妻ほどに気が強かったら、日本中大変な事になってしまう、と断言できる。いや、日本男子の忍耐力が鍛えられ、いいかもしれない。

僕は、忍耐力はあるのかもしれない。最近認識しはじめた。その理由は、もちろん妻と共に生活できていること。そして、師である弊社の会長、牛久保洋次と一〇三ヵ月パートナーを組ませていただいていること、この二人は毎日のビジネスと生活で、僕に多大な影響を与えてくれている。

会長はビジネスの楽しさ、厳しさ、人の縁の大切さ、経営者のあり方、を毎日叩き込んでくれている。二十三時のビジネスコールは日曜日以外毎日の事だ。間違いなく妻よりも電話で話している（笑）。思い返せば、昔は深夜0時から一時間のビジネスコールだった（汗）

妻は、家族と生活の大切さを教えてくれている。決して独り身ではわからなかった家族の大切さ。自分の為ではなく、妻と子供のために稼ぐ。これは、社員の為に売上を上げる、というのとまた違った意味合いがあると思う。おそらく、自分の分は自分で稼ぐ。その為に一から作ってきた創業経営者は子供が出来たときに、守るもののために稼ぐことについて同じような感覚を持つ人が多いと思う。

結婚、出産、引っ越し、など金銭的インパクトの大きい所では妻の強力なプレッシャーが、僕にとって、今までに無い力を与えてくれていると実感している。と、ここまでは、会長と妻の逃げ場のない圧力によって、僕が成り立ってきたような文章になってしまったが、よくよく考えてみても、まさにその通りだと思う。

人は厳しい環境にある方が伸びる。これは、植物でも動物でも同じで、厳しい環境の果物の方が甘い果実がとれる。厳しい環境の動物が進化して環境順応し特殊能力を持つようになる。人は環境が影響する。成長には少し高いハードルと厳しい環境が必要だと、多くの人がいっている。

妻は目標を与えてくれる。頼んでも無いのに、高いハードルを与えてくれる。いい意味で、オートマティック目標製造機だ。捉え方次第では、プレッシャーになるが、これほど経営者にとって便利なことはない。と前向きに考えている（笑）。僕は一人では駄目なようだ。何となく過ごしてしまう。妻のようなお目付役が自分の人生に必要だと本能で感じていたのだと思う。勝手に目標が設定されて、勝手に後押ししてくれて、経営者に向いた環境に僕はある。自分で自分の将来を楽しみに感じている。さて、いつも心に留めているのは「難有は有り難い」。北原照久氏の言葉を胸に、今後も精進します。

三ヶ月後の目標は難しいかもしれないが、三年後の目標は達成できる。一年あれば、様々な活動ができる。三年あれば結果も出せる。三ヶ月の結果で詰められるのはキツいが、長い先の目標を掲げて、一緒に歩んで行こう。

明るく、楽しく、前向きに、健康第一、精一杯生きていれば、結果はだせる。お互いにいい人生である為に、伴侶として、背中を推し続けてほしい。

ありがとう。

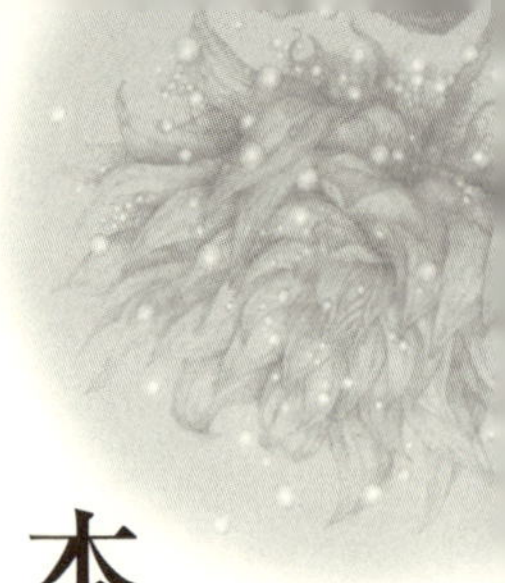

本当に感謝しています

株式会社地域貢献社　代表取締役　鈴木 理志

私は仕事が大好きです。働くことに生きがいや喜びを感じています。大学を卒業して、子供の頃から憧れていた放送の仕事（ＦＭラジオ局の仕事）に就いた私は、何の苦もなく不眠不休で働きました。家にも帰らず放送局のソファで仮眠し、不健康極まりない仕事量を楽しんで満喫していました。その結果、順調に昇進し、理想の仕事にも従事することが出来ました。

その後、仕事上の運命の人（後に就職するＣＳ衛星放送会社の社長）との出会いがきっかけとなり、三十三歳の時にＣＳ衛星放送の会社設立に参加し取締役に就任しました。当然のごとく仕事に対するモチベーションは高まり、家にも帰らず不眠不休に磨きがかかったわけですが、これが私の人生の大問題であったのです。仕事一筋の生活は人生の公私のバランスを失い、プライベート上の運命の人との出会いも阻害していました。

三十八歳になり、当時の私は会社本社と実家が大阪でしたが、人事異動で東京支社に勤務していました。三十八歳の年末に大阪に帰省した際に、妻となる優也子と出会いました。お互いに結婚を前提として交際したため、翌年の春には結婚、妻が上京を承諾してくれたため東京での新婚生活がスタートしました。

それまで仕事一筋であった私はプライベート（家庭）に目を向けるようになり、家庭を持つことの生きがいや喜びを体感しました。家に帰り妻の作った料理を食べること、休日を取り映画やショッピングを楽しむこと、喧嘩をして話し合うこと、家庭生活の全てが人生にとって如何に重要であるかを妻が教えてくれました。

元々、ガーデニングやアクアリウム、南の島旅行が好きでしたが、独身時代はわざわざ時間を作って楽しむことはありませんでした。結婚してからは夫婦で趣味に没頭する時間も持ちました。海水魚まで飼育して妻に怒られましたが（笑）。

そう、私にとっては妻、優也子の存在自体が「ありがとう」なのです。そして、四十一歳の時に長女（すみれ）が生まれました。もう可愛くて可愛くて・・・。娘が可愛すぎて怒ることもできない私の育児姿勢に対して妻は怒っていました（笑）。三人

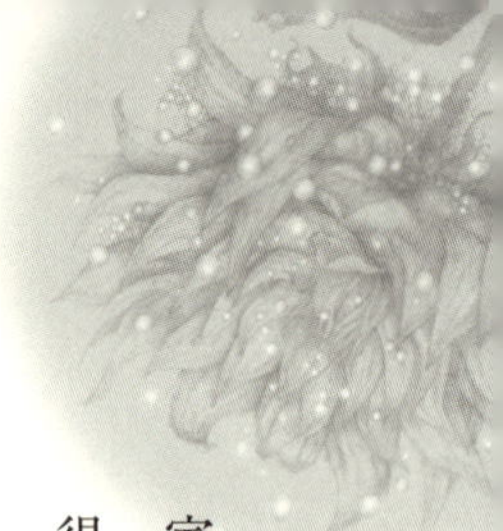

家族になり、育児というテーマで私生活に目を向けるようになり、新たな生きがいを得ました。

四〇代になりようやく公私のバランスが取れてきたのですが、仕事の方は順風満帆と言う訳にはいきませんでした。会社設立時から勤めていたCS衛星放送は、大手資本系列事業者との熾烈な競争、チャンネル供給過多による淘汰、国策（地上デジタル放送への移行）に伴う大型設備投資など厳しい環境下にあり、当社のような中堅企業が最小限の資金投資で大手資本系列事業者に勝つためには、他社従業員の何倍も働く必要がありました。

そんな競合他社との熾烈な競争の最中、今から四年前に仕事上の恩師である社長が心不全で急逝しました。これにより私の人生に大きな転機が訪れます。社長急逝後に会社を継いだ新社長（息子）による大胆な改革により、衛星放送事業を他社に売却することになります。

私は、大学卒業から二十四年間従事した放送業界から離れ、三〇代の頃から強い関心を持っていた地域貢献事業に転職することを決意します。五十歳という人生の節目においての大きな転機です。今まで仕事で恩を得た故社長の息子に恩返しをしながら、並行して起業を目指しました。

勿論、これまで仕事をリセットした経験がない私にとっては大きな試練でした。しかも人生とは皮肉なもので同時期に妻が体調を崩し、公私ともに試練の時期となりました。「人生は山あり谷あり、永く生きていれば当然に大きな谷の時期もあるさ」と自分に言い聞かせながら毎日を過ごしました。

この試練の時期にいつも考えて行動していたことがあります。それは、こんな時だからこそいつも笑顔でいよう、仕事仲間を思いやろう、妻子を大切にしよう。そして、この執筆をしている数ヶ月前から運気が上昇してきました。妻の体調も改善し、プライベートカンパニーも設立して開業準備に入りました。そして、起業がきっかけとなり人生の新たな大目標ができました。

この本が出版される頃には具体的に公表している時期でしょう。最後に私はもうひとつ妻に伝えたい感謝の思いがあります。衛星放送時代に人の何倍も働くことができ、転職リセットで再起に向けて仕事に集中することができたのは、家庭にいる時間が少なくても理解を示してくれた妻のお陰です。妻の理解がなければ今の私もありません。本当に感謝しています。ありがとう。

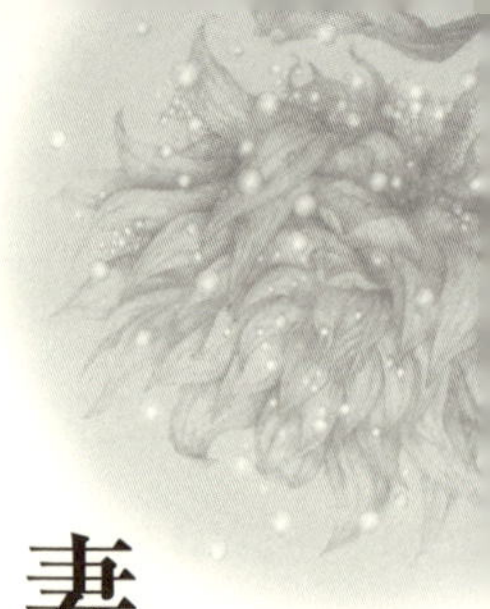

妻へ

株式会社コンサルデュース　代表取締役
鈴木 雅之

眼下には、真っ白な大海原とスカイブルーの空が遥か遠くまで続いている。二〇一四年一〇月三日金曜日、時計の針が十二時三分を回ったところ。二代目の相棒となったアイパッドを手に取った。承知の通りフランクフルト経由イタリア・ベローナ行きの機内だ。

昨夜、携帯が鳴り、出てみると「お～鈴木君！久しぶり、元気でやってる？」というかしあい隊の牛久保会長からだった。昨日初めて二人そろって四ツ谷で白根社長にお会いしたばかりだ。何と驚いた事に内容は、この原稿の話であった。恥ずかしさと面倒でもあったが、会長の勧めでもあるので引き受ける事にした。

最近人生を歩むことは、ご縁が繋がる事だと感じる。牛久保会長とも洋子の妹の文子ちゃんが学生時代にしていたアルバイトで繋がった白根社長とのご縁だ。本当に不思議でもあるが必然にも感じる。生まれた年代も場所も経験も異なる人同士が出合い、何かを共にする。本当に奇跡のような話だ。おふた方には、大変お世話になり、とても感謝している。

思い出すと十五年前、恵比寿の東京アナウンスアカデミーでの出会いから、三年半後の洋子の誕生月に結婚式をした。あれから、十一年経つが、本当にそんなに月日が経ったのかと感じる。私の人生において継続記録がついにトップとなった「結婚十一年間。」

出会った当初から、魅力的な女性だと理解していたつもりではあるが、妻となり、娘を生んで育て、更に磨きがかかったようだ。それは人として、妻として、母として、起業家として日々の努力の積み重ねと相手を思いやる気持ち、突き詰めて身につけるまで妥協をしない姿勢が成長に繋がっていると感じる。

一般社団法人女性起業家支援協会の代表理事として、ママ起業家大学を立上げた洋子の人となりを理解して頂ける素晴らしい方々のお力でもあると思う。コツコツと何年も努力を惜しまず、積み重ねていく姿を見てきて、誰でも出来る事ではないと思う。

これまでの私は、数多くの心配と迷惑をかけてきているのは重々わかっている。洋子でなかったら私は、どうなっていた事か・・・。

改めてごめんなさい。そして、感謝しています。

両親をも気遣ってくれ、家族の為にも笑顔で頑張り、更には、二人にとって最愛のかれんを優しく、素直な娘に育ててくれている事にも本当に感謝したい。

今後は、あまり無理をせず、健康に気をつけて、笑顔溢れる日々を過ごして下さい。

洋子の掲げる理念と志の理解者であり続ける為に私も精進します。

出会ったあの頃から、パーソナリティ近藤洋子をずっと応援してきている私の気持ちは、今でも変わっていませんよ。

遠く離れたイタリアより・・・愛を込めて。

「洋子　ありがとう。」

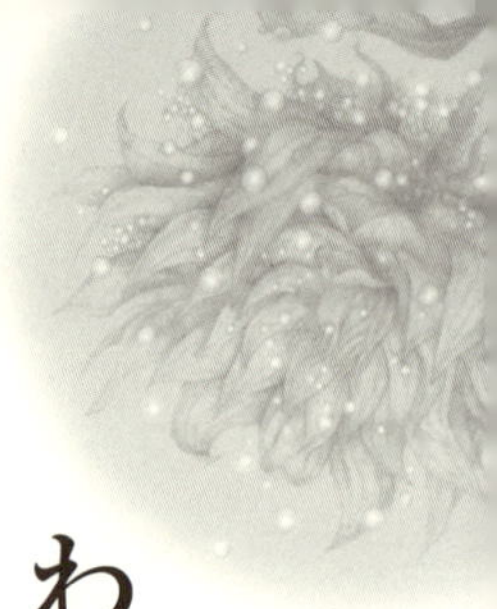

わが女房はパートナー

エリート・ウインズ株式会社　代表取締役
鈴木 レオ

「わが女房」という言い方が正しいのかどうかは、私の場合はぴったり当てはまらないかもしれません。

私が結婚と言うものを意識するにあたり一番に感じていたのは、自分の相手はいわゆる「パートナー的存在」である事を一番重く見たことでしょう。かといって、最初から何でもかんでもパートナー的な意識という事ではありませんでした。単に自分の生き方にアクセルとブレーキを存在させてくれることを期待していたのだと思います。

そのために、私は見合いでの結婚を選びました。　なぜか？　私の生まれた環境ですが、祖父が大正十四年に設立した企業の三代目を継ぐことが決まっていたという事が一番大きな要素であったと思います。

将来後継者になることが求められていたのですから、そんな教育を父からは赤子の時からしつけられていたことが基礎になったのだと思います。物心がついたころには、『社長さん』を意識することが普通になっていました。意味もなく・・・。となれば、相手もそれを理解してもらわなくてはいけないし、窮地に陥ることもあるはずなので、そんなことを一緒に乗り越えてくれないと困るなと言う思いがありました。

結婚を意識したころには相手は単なる女房ではなく、ビジネスパートナー的な感覚で家族になれる人がいいなと思っていました。そのために見合いにしたのですが、相手の家も江戸時代から続く商人の家でしたので、最初から仕事などで意見の合わないことは現在に至ってもほとんどありません。どぎつい話も結構しますが、多くの主題でほぼ同じ結論に達してくれることが多く、正直女房は「商人の家柄でよかったな」と思っています。この点では本当にストレスがありません。

こんな事を書くと、どうも夫婦と言う感じではなく違和感があるように取られますが、全くそうではありません。遊ぶ時もほぼ同じ楽しみ方で過ごすことが本当に多いのです。

女房との重要な接点は二点ほどあると思います。

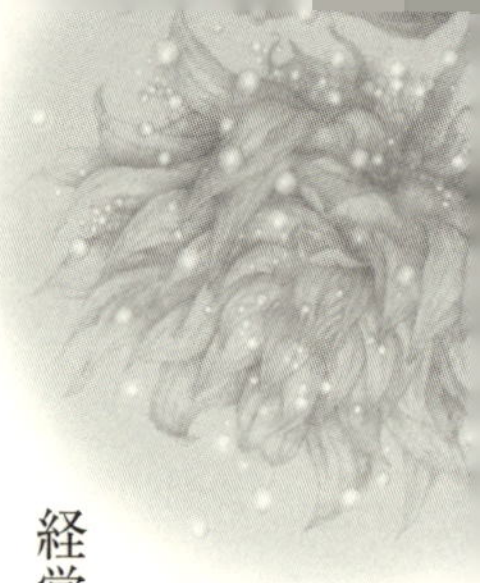

一点目のポイントは、価値観の一致であると思います。これは実は私たちのような経営者にとり一番のポイントであると思います。しかし時には同意見が続くと不思議なもので、この感覚は正しいのだろうか?と疑問を持つこともあります。でも同じ価値観だからこそこのような感覚になるのでしょう。

価値観はその人や立場によりまったく異なっています。こんな例はきっと経営者なら必ずあると思いますが、仲の良かった学友などが社会人に成ったらまったく折り合いがつかず、交友関係が無くなってしまう事は、必ず経験されているのではないでしょうか。また、同じ経営者でも規模や取引関係などの環境で感覚的に意識が以前とは異なってくるなど。そんな環境で活動しているので、女房は私の有能なパートナーであり番頭さんです。その前提が何といっても環境や価値観がある程度一致しているという事にほかなりません。

二番目は信頼で、これはとても大切なファクターだと思います。と言っても自分の経営や、判断・決断を任せるわけではありません。あくまで決断を行う環境になった場合は、その助言がヒントになっていたり、真剣に意見を言ったり、考えたりしてくれているわけですから、その姿勢が理解できることが重要な事項だと考えています。

あまりビジネスライクな話ではいけないので、普段でもヘルプしてもらっていることや、学んだ事などをお話ししたいと思います。
私たちは、休日など何かを行うときや、旅行に行こうとしたときに想定外の事態が発生して、予定外の状況になってしまった場合などは、あっさりあきらめることにしています。これは実は女房の考え方の基本で、「縁がなかっただけ」という事で済ましてしまう事です。簡単にあきらめられない事もあるのですが、無理をすることで「不慮の事態になってしまったら・・・」と思う事にしています。
当初は「なんじゃその考え方は！」と言い合いになる事がありましたが、時間が経つほどに、「なるほど」、と言う感覚で今はとても納得しています。そんな関係ですから、毎日顔を合わせると、お互い話が止まりません。よく家庭内の夫婦の会話がないという話を聞きますが、そんな家庭環境が理解できないくらい話し合います。もちろんケンカしたときは無言ですが・・・
また、それは今まで知らなかった事や、興味がなかったことを教えてくれることも多くあります。例えば音楽。私はフュージョン系のジャズが好きですが、クラシックは全く興味がなく今まで聞くことはありませんでした。ある時いやいやながら引っ張られて、クラシックコンサートに行くことになりました。自分としては窮屈な思いや途中寝るだろうな、など心配しながら会場に入りました。しかし、目の当たりにしたオーケストラの音のすごさ、深さに圧倒され、今ではクラシックのファンとなってしまいました。逆にこちらが教える事項もたくさんあるのですが、ほとんどを吸収してくれます。このように、私と女房は良きパートナーとしてお互いの意見を尊重しながら歩んできました。

私にとり大きな岐路となった新会社の設立についても、やるとなったら一日も早くするべきであることを進言し、背中を押してくれたのは女房でした。私の信頼する側近は女房であり、大株主もまた女房であるという事です。結局は私も世の中のほとんどの男性と同じく、女房の掌の中でかけ回っているのでしょう。手のひらから落ちないようにしないといけませんね。女房殿。

本当の愛妻家になるということ

SBCリアルター株式会社　代表取締役　角　弘道

私は約十一年前に結婚をしました。そして結婚して四年後に娘が生まれました。結婚した年に約七年勤めていた会社の私に対する処遇を不満に思い、以前より誘いを受けていた同業の会社に転職をしました。

転職した先では厚遇されました。以前勤めていた会社から私の転職先に移ってきた者も数名いて居心地も良かったのですが、入社して四年目の時に、社長が新卒で入社してきた子や中途で入社して間もないまだ実績の少ない人たちを、会社の業績不振からバッサリと解雇してしまいました。そして時を同じくして我が家に娘が生まれました。

私についてきて以前の会社から転職してきた一人が解雇問題の約一年前に失踪しました。原因は社長と反りが合わなかったことと私的な借財の問題でした。会社で解雇の問題が発覚したところに、失踪して音信不通だった元同僚とようやく連絡を取り合い無職でいることが分かったため、娘が誕生した直後にもかかわらず、その元同僚を役員にして起業を決めました。実は起業は本意ではありませんでした。

起業したのは二〇〇七年。この年はサブプライムローン問題で不動産業はかなり厳しい年でもあり、周囲からは起業のタイミングを心配されていました。当然身内の者も心配していたはずでした。

起業してもうすぐで一年ということときに元同僚である役員が交通事故にあい亡くなってしまいました。私と妻は娘を保育園に預けて起業したばかりの会社で共働きでしたので、役員の事故死は会社の問題だけにとどまらず私の家庭においてまでも精神的にも大きな衝撃となりました。

亡き役員の為に起業したと言っても過言ではないのに、当の本人はこの世にいなくなってしまい、悲しさと何のために起業したのかという疑問で頭の中がいっぱいでした。ただその時には既に他に一人の社員がいて、当初の目的を失ったとはいえ会社をやめてしまうことは許されない状況でした。

そして不運は続くもので、この年はリーマンショックの年でした。世の中全体が大変であった訳ですが、私はいろいろなことが重なり全ての事に迷いに迷っていました。

男ですから仕事して家庭を支えるのが役割だと思っていました。だから弱音も吐けないと思いながらも自分でもわかるくらい当時はかなり疲れた顔をしていました。

私は仕事から帰ると毎日娘の寝顔を見ながら自分の不甲斐なさを思い、「頑張らないとね」と話しかけていました。そして妻にはなかなか会社の状況が良くならないことを「ごめんね」と謝っていました。

当時娘はまだ一歳、何もわからなかったと思います。妻は会社の舵をとる立場ではありませんから、自分でどうすることも出来ない状況下で、実は一番不安を感じていたのではないかとも思います。

結婚、出産、起業という節目節目で普通は選択しないであろう道を選んで進んできてしまった私に何一つ文句を言うでもなく、黙って後押しして支えて来てくれたことには、感謝どころかその気丈な妻を恐ろしいとすら感じてしまいます。

恐ろしいなどと表現していますが、本当は照れてしまい素直に「ありがとう」と言えずにいた自分が何と小さな男かとあらためて感じてしまいますが・・・。

今、会社の経営は起業当時に比べたら複雑化し、社員も増えて責任も増し、よっぽど大変なのですが、娘も元気に今は七歳、そして家に帰れば娘と犬の世話に追われる妻が大変そうではありますが、楽しそうにしているのを見ると大変な時に気丈でいてくれて「本当にありがとう」と心から思えます。

妻に感謝を言葉にして伝えることはなかなか出来なかったですが、これを機に声に出して伝えようと決めました。愛妻家を名乗る第一歩として。

妻の笑顔が全てを照らした！

三喜屋珈琲株式会社　取締役
園田 章雄

私の会社は祖父が京都で創業した珈琲の製造販売会社で、現在では百貨店や有名ホテルのOEMや、コーヒー豆の量り売りをメインとした小売店、カフェなどを十数店舗運営させていただいております。その中で私は取締役として関東地区の業務を担当しており、おかげさまで多くの方々に支えていただき、順調に業績を伸ばすことができております。

しかしこのような状況になるまでには、さまざまな苦難の連続で、今こうして元気に楽しく働かせていただけるのも「不思議な事」だと感じるほど、これまで数々の局面を打開してきました。

私は創業者である祖父の後を継いで、懸命に働く父の背中を見て育ち、時には得意先様への商品配達へ同行したり、荷物の積み下ろし作業を手伝ったりと、幼少の頃から家業として係わってきました。そして私が大学に進学した頃に妻と出会いました。初めて妻を見たときは、とても綺麗な人だけど、どこか不思議な感じがする人だなと思いました。今思い返すと、その不思議だと感じた感覚が、これまで二〇数年間苦楽を共にすることとなる運命の伴侶との出会いを感じた感覚だったのでしょうか（笑）。

その後、大学の在学中に妻との間に子供を授かり、結婚を決めましたが、当時私の父がそのことに反対し、それがきっかけで私と父との距離が離れていきました。そして結婚を決めたことを機に、住宅リフォームの会社でアルバイトをさせていただくこととなり、大学卒業後はその会社に就職させていただきました。そんな中、長男が生まれ、長女が生まれ、仕事の面でも順調に業績を上げることができ、経済的にも恵まれておりました。そしてその後、仕事の関係で転勤が決まり、今から約十八年前に家族四人で横浜に上京してまいりました。

しかし今から約十年前に、勤めていた会社の業績が悪化し、経営が難しくなり、多くの社員は退社を余儀なくされ、私も不動産会社に転職しました。しかし転職先での収入がそれまでと比べて激減したことから、前年の収入に対してかかってくる住民税

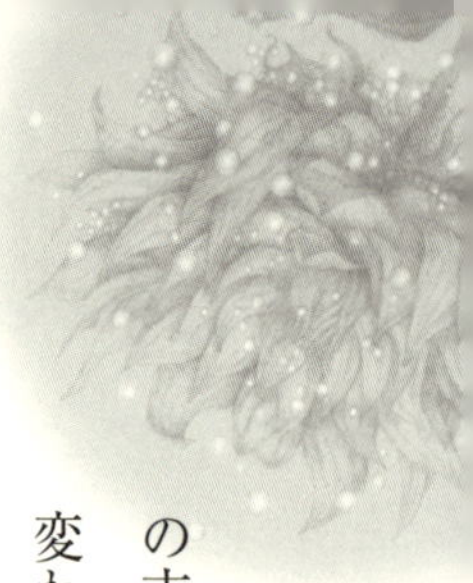

の支払いや、子供の学費の支払いなども困難となり、それまであった生活が一八〇度変わってしまいました。

その頃は家庭のこと、仕事のこと、経済的なこと、全てにおいて問題が山積し、苦難の連続でした。そんな行き詰まった状況で、これから先どうして生きていけばよいのかと呆然としている時に、一瞬で私を奮起させてくれたのは妻の苦労の中の笑顔でした。それまで専業主婦だった妻は状況打開のため働きに出てくれ、慣れない労務で苦労が多くあり、家族がこの先どうなるのかわからない混沌とした状況の中だったにも関わらず、そんな中での輝いた笑顔には、何があっても負けない勇気と希望を私に与えてくれました。

人は幸せだから笑顔になるのではなく、一人の女性の笑顔が周囲の人たちを輝かせ、そこから幸せを呼び起こすのだと！一人の女性である妻の偉大さを感じました。

「よし、もう一度再起して、必ず周囲を幸せにしてみせる」と決意した瞬間でした。

その後は、呆然と落ち込んでいた弱い自分自身を切り捨て、大量にあった難題に向き合い、一つ一つ解決していきました。そして、現在の状況へと打開することができたのです。

これまでこんな私を支え応援してくださった社員やお取引先の方々、励ましを贈ってくれた友人や知人には大変に感謝しております。そして私の妻の苦難の中のあの清らかな輝いた笑顔がなければ、今の私はありません。これからの人生も、どんな困難が待ち受けているかわかりませんが、何があっても負けない強い心を持って、朗らかに邁進して行きたいと思います。

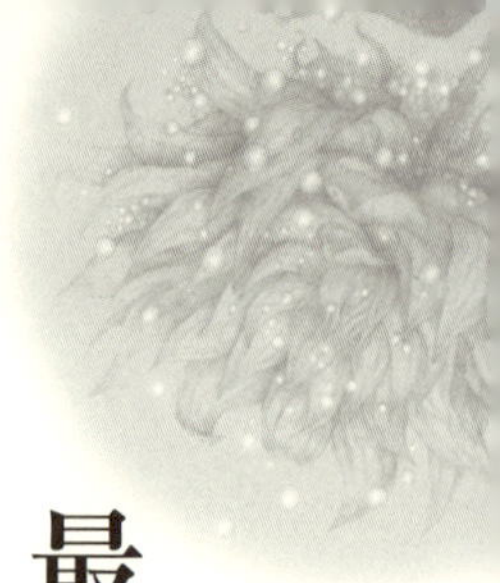

最愛の妻に感謝！

株式会社ＡＳＴＯ System　代表取締役　髙尾　哲

今回の企画について依頼を受けた時には、そんなこと恥ずかしくて書けるわけがない、どこかのタイミングでやんわりとお断りしようと思っていました。特に最近は昼食を取る時間がない日も多く、かなりの忙しさだったので、物理的にも原稿を書く時間が取れないという感じでした。

そんな時に、先日かなり久しぶりに些細なことで妻と喧嘩になり、丸一日口を利かなかったことがありました。その間に今回のこの依頼のことを思い出し、妻のことをいろいろと考える時間を持てたことがきっかけで、今回の執筆のことも少し考え直しました。

最近ある勉強をしていて、日々の感謝と反省などをなるべくノートにつけるようにしています。その、感謝をきちんと思い返し、ノートにつけるということとも、今回の依頼がリンクし、こういう機会をもらえたのも、改めて妻への感謝の気持ちを表現しておくべきだということなのかなと思い直し、締め切りの直前になって書くことになりました。

現在、私は独立起業して九年目に入っています。もともと会社を大きくするつもりもなく、売り上げの拡大などにも興味がなかったのですが、最近のあることがきっかけで考え方を変え、今後の事業展開の取組みを新たに始めています。十年目を迎えられる会社は十社に一社と言う話を聞きますが、うちの会社もあと二年で十年を迎えるにあたって、しっかりと過去を反省し、感謝の気持ちを持って、将来のビジョンを描き、日々の努力を続けていかなければならないという思いを持って事業を行っています。

創業当初は経理や事務仕事も全て自分でやっていて、深夜まで仕事をしても終わらない状態で土日も仕事をしていましたが、数年前に妻が会社を手伝ってくれることになり、今では経理、事務仕事は全てお願いしていて本当に助かっています。

妻の父親が自分で事業をやっていたからだと思いますが、私が独立するときにも、全く反対されませんでした。特にプレッシャーをかけられたわけでもなく、応援してくれました。ただ、全てＯＫというわけではなく、必ずどこかでブレーキをかけてくれる役割を果たしてくれています。私がどんどん新しいことにチャレンジし、リスクを考えて止まるよりもまずは進んでみるタイプなので、どこかで自分が手綱を引き締めないといけないという思いがあるらしく、しっかりとその役割を果たしてくれているのだと思います。

今では会社の会計を全て任せていますが、会社の数字が悪くても一言もそれについて不安を口にすることはありません。私自身が一番それをわかっていることを理解した上で、そのようにしているのだと思います。

起業して三年目あたりから海外への事業展開を行い、現在はベトナムに二社、その他、シンガポールとミャンマーに現地法人があるため、海外出張も多く、日本を不在にすることも多くなってきました。子供がいないため出張中は妻が一人で留守番をしてくれているのですが、それについても不平や不満をほとんど言われたことがありません。

起業当初は妻に会社を手伝ってもらうなんて全く考えてもいなかったし、むしろそうしない方がいいと思っていたのですが、今では手伝ってもらえて本当に感謝しています。

　妻との出会いは今から十五年前でした。彼女との関係を一言でいうと、今までの人生の中で一番たくさんケンカをしている相手だということかもしれません。出会って、付き合っていた頃が一番ケンカをしていました。くだらないことで大ゲンカになり、予定していた旅行が全てキャンセルになってこともありました。

　結婚式の直前にも大ゲンカをして、郵便ポストに投函した結婚式の招待状を回収に行ったこともあります。私には一つ年下の弟がいますが、多分弟とのケンカの回数を超えているのではないかと思うくらい、たくさんケンカをしました。

　でも、なぜかお互いが別の方向を向いて、別れるということは考えませんでした。どこかで仲直りの糸口を作って、そしてケンカする前よりもほんの少しだけ相手に歩み寄る、その繰り返しだったのだと思います。それを繰り返すことにより、少しずつ相手に歩み寄り、結婚して十二年たった今は、ほとんどケンカをすることはなくなっています。お互いのことを本当に理解し、ぶつかり合ってもどこかで相手のことを想い、次はこうした方がいいということを少しずつ学んできたのだと思います。

　本心で相手にぶつかって、そしてお互いが歩み寄るということをできる人は、本当は少なくて、なかなかできないことなのではないかと今は思っています。また同時にケンカをしないためにお互いがどのようにコミュニケーションを取るべきかを妻からかなり教え込まれたような気がします。もちろん私も相手にそれを教えている部分もあるのですが、それによって、お互いが学習し、気持ち良いコミュニケーションを自然と取るようになっているのだと思います。

ケンカを通して、お互いが本心で歩み寄り、言葉遣いや表現の仕方などのコミュニケーションの取り方について改善してきた結果、今はほとんどケンカもしない仲良しな二人でいられるのだと思います。

普段は家で食事することがない私に、休みの日には料理を作ってくれたり、私が必要とするであろうことは先にやっていてくれたりする、今までの人生で出会った誰よりも、もしかすると自分よりも、私のことを考えて、想ってくれているのが彼女だと思います。妻に出会えたことが私の人生にとっての最高の宝で、もし彼女がいなければ私の人生には意味なんてなかったと思うこともあります。

これからも最愛の人とのかけがえのない時間を大切にしたいと思っています。世界で唯一、私の妻であり得る彼女と共に人生を歩めていることに本当に感謝しています。

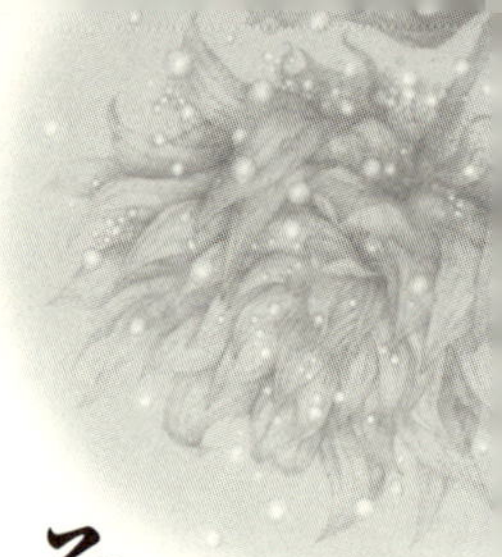

そばに居て欲しい人

ビジネスコンサルタント　高倉　豊

九十一歳になる家内の母親は自宅近くの介護施設に入っている。意識はしっかりしているものの車椅子と介護無しでは生活できない。

しかしいつ行っても不満も言わずニコニコして車椅子に座っている。

私も家内について義母を時々見舞うが施設には認知症の高齢者ばかりだ。

「こんな風になりたくないね」と私が言ったとき「私は居るだけで周りの人が癒されるママみたいなおばあさんになりたいわ」と家内が言った。

病院の看護婦、施設の介護士は大切な仕事だがその中で「仕事」として働いている人と、その仕事を「天職」のように楽しんでいる人がいる。

その違いは歴然だ。

他の人の世話を嫌がらずいつも笑顔でいる人を見ていると私のような利己的な人間は訓練しても到底彼女らのように真に優しい心を持つことは出来ないなとつくづく思わされる。


家内は優しい心を母親から、優れた感受性を父親から与えられた。


彼女は経済的には決して裕福ではないが、文化的な家庭の長女として生まれた。

父親は戦争が無ければ大学の先生になっただろう秀才で、留学が稀だった時代にフルブライト奨学金を受けてアメリカで学び、更に国費留学生としてパリで学んだ。

母親は読書とバラの世話を愛する学者のような夫を支え、質素な家計をやりくりしながら家に居ても口紅と笑顔を絶やさないエレガントで心優しい女性だった。

彼女の自宅にはヨーロッパを感じさせる沢山の洋書、クラッシック音楽、洋酒、煙草の香りがいつもあった。そのような文化的な家庭の中で彼女は小さい時からピアノを習い、絵を描き、丁寧な家事と笑顔を母親から学んで育った。

彼女は優れた運動神経も無く、会社のような組織でバリバリ仕事をする才覚も無い。

ブランド物や贅沢な生活に興味は無く、毎日家事の合間にピアノを弾き、絵を描き、花を活け、服の綻びを直したりして過ごすのが日課だ。

外資系の会社で流行の服をまとい、ハイヒールの音を響かせながら、男性と互角以上に張り合う「出来る女」と対極のタイプの女性である。

彼女の人柄を表すエピソードがある。

孫の為に編み物をしている彼女に友人が「セーターを編んでいるの?」と聞いたところ「小さな子供がセーターを着るとき一瞬真っ暗になるとかわいそうでしょ。だからカーディガンにしたの。」と彼女は微笑みながら答えた。

一方、私は仕事一筋で、家に居ても仕事の事ばかり考え家事は無何一つしなかった。

家内に仕事の話をしてもそもそも会社勤めをしたことがないのだから相談相手には全くならない。

彼女は私の気分を変える為に部屋の模様替えをし、コーヒーを入れ、私を散歩に誘った。

時には彼女の芸術家肌で世間知らずな性格にイライラしたこともあった。

しかし、性格が違う2人だったから苦労や問題があった時喧嘩にならず乗り切れたのかもしれないと振り返って今はそう思う。

現役を離れた今、大切なのは残りの人生を楽しく共に出来るパートナーだ。

一緒に居るだけでゆったりとした気持にさせてくれる彼女のようなパートナーを与えられたことが神様から私への一番の贈り物だと思っている。

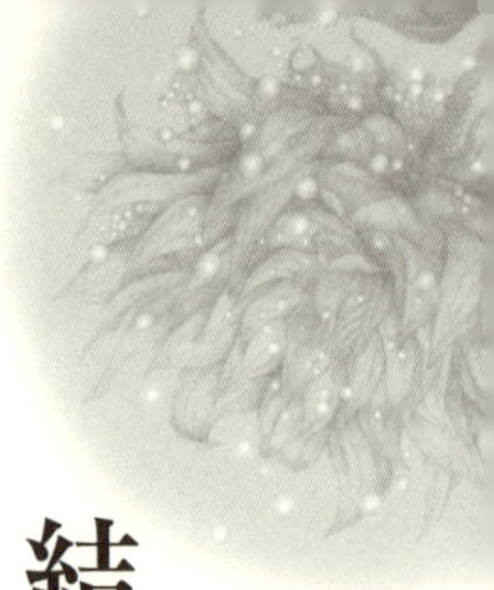

結婚という名の投資

株式会社アサボウ　代表取締役
鷹野 健太郎

結婚とは、すなわち長期の投資なのだという、まことに的を射た解釈がインターネット上で話題になっている。あるフォーラムに二十五歳の女性が投稿した質問、それにＪ．Ｐ．モルガンのＣＥＯを名乗る男性が綴った回答である。その女性は歯に衣着せぬ率直な気持ちを書いてみせた。自分は容姿端麗でセンスも良いから、年収が四千万円を超える男性と結婚する値があるはずで、そうしたいと。ズバリ、お金持ちの男はどのように結婚相手を選ぶのかと。

対してＪ．Ｐ．モルガンのＣＥＯは、プロの投資家として回答を寄せる。当の本人であるならば、収入といい、立場といい、この質問に答えを書き込む資格が十分にあることは言うまでもない。まず女性の質問を、美貌と金銭を交換しようとするものと要約した上で、成功した投資家たる自分の資産は年々増えていくのに反して、あなたの美貌は年々目減りしていくに違いないと指摘。投資の概念には長期保有と短期保有があり、目減りしていく資産なら短期保有、それどころかレンタルで済ませることが賢い選択であると。結婚は、あなたを長期的に保有することになってしまう。四千万円以上の年収を稼ぐような頭の良い男たちが、あなたをデートに誘うことはあっても結婚することはないだろうとまとめる。さすがは世界を代表する投資銀行のトップ、果たして名答であろう。

妙な引用で、のっけから妻に喧嘩を売っているわけではない。世の中には意外と多くの例外があることはさておき、結婚は互いにとっての長期保有に違いない。若い頃の私たちは共に、投資の概念など知る由もなかったが、私は妻を、妻は私を、長期保有する選択をして、今もなお持ち続けているのは紛れもない事実である。片方、あるいは双方に、レンタルの価値こそがなかった・・・かどうかは言及を避けたい。美貌と金銭を交換した結婚ではなかった故に互いに不満を口にすることはないものの、私たちも地球の重力と時の流れに抗うことはできず、容姿は徐々に変貌を遂げてきた。私も妻もその変容ぶりが案外マシなことは幸いな事象である。子が鎹になっていることもあるかも知れないが、容姿の変貌を詐欺呼ばわりすることもなく互いに長期保有を続けていけるのは、相応の必要性を感じ合っているからだろうと思う。

私にはサラリーマンの経験がない。大学を卒業してからは自動車競技のドライバーとして日々を過ごし、引退してからは会社を興した。起業した企業家と言えば格好は良いが、十年ほど続いた会社は鬼籍に送ることになった。経営者としては痛恨の失敗である。中小企業の場合、法人格と経営者は一蓮托生だから、まだ小さな子が三人もありながらの伴侶としては、ただ事ではなかったに違いない。今も私は中小企業の経営者である。懲りない性格は新たな会社を創り、現在に至っている。こうした過程で、妻が死守した家庭の存在が私にどれほどの力を与えてくれたのかは、説明する必要もないと思う。私は妻を長期保有したことにより、多大な利益を得ている。投資の成功である。

さて、問題は妻の投資が成功しているのか、である。自動車競技のドライバーとして華やかな国際レースの舞台に出世したわけでもなく、社長妻の銘柄を手に入れたかと思えば整理ポスト行きと相成った。売り抜け、あるいは損切りの失敗を悔やんだ夜があったかも知れない。しかし、繰り返すが、結婚とは長期保有である。投資銀行のトップもそう言っているではないか。不測の事態を除けば、人生は決して短くはない。言い方を変えれば、人生は短いと悟るほど私たちはまだ年を取っていない。妻の投資の成否など、まだ出ていないのである。妻は私が成功することで投資の利益を得る。それが仮に晩成であったとしても、成功は成功である。文字通り人生をかけて互いに投資し合うのが結婚であり夫婦なのだとするならば、片方だけの成功などない。いずれ長期保有の醍醐味を、私は妻に味わってもらおうと思っている。味わってもらわなければいけないと思っている。

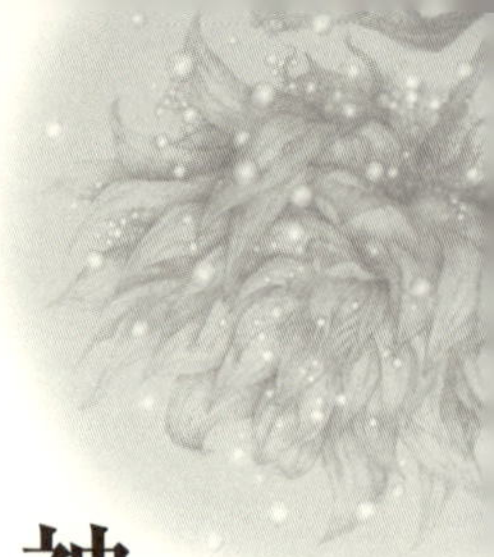

神様と女房

株式会社アバンダイフ　代表取締役　高橋　秀樹

妻とは春と秋の年二回旅行に行く事が恒例行事だった。結婚し子供が授かるまでの間は旅行を夫婦共通の趣味として楽しんでいた。見知らぬ土地での景色や風土や食事がお互いの絆を深めたと思う。妻は子育てが忙しくなり、私の仕事も忙しくなると、いつしか恒例行事が休止した。

齢を経るとともに生活環境も変わり共通の話題が子供の話が中心となった。夫婦共通の趣味が薄れていたが、七年前から何気なく始めた神社仏閣で頂く御朱印を頂く参拝巡りがお互いの趣味となった。年に数回は機会があれば神社仏閣へ参拝し御朱印を頂く。御朱印とは墨筆手書きで参拝の証として神職さんに御朱印帳に神社名や日付を書いてもらうものである。昨今墨筆の文字を見ない為か神聖かつ厳粛な気持ちになる。しっかりとお参りをさせて頂いた後に頂く御朱印は、神様からのご加護を頂いている様な気分になり我が家の家宝になった。

神社巡りをしていると厳粛な気分になるだけでは無く、祀っている神様の名前や神社の由来が気になる。何社もお参りしていると、足を踏み入れたその瞬間に不思議な謎めいた感覚を持つ神社もあり、古事記や歴史書からその歴史をひもとくのも趣味となった。歴史を知ってから味わうその土地の美味しい料理や温泉もまた深い趣向を感ずる事ができる。いわゆる流行のパワースポット巡りとはまた違う趣味を手に入れた。とても充実している。

結婚二十年目となる今年は、九州の天孫降臨の地の弊立神宮から高千穂神社、天岩戸神社など関東では名前をあまり聞き慣れない神社に参拝した。弊立神宮は古代神道の神社だそうで、宇宙から御降臨されたという神様を祀っている。神漏岐命、神漏美命、大宇宙大和神、大御中主大神、天照大神と耳にした事も無い様な錚々たる神様で国造の祖である天照大神様と宇宙をお造りになられた神様が座しておられる。

それだけの神様を祀っているにも関わらず隠れ宮といわれていてあまり知られていない。しかも車だとうっかり通り過ぎてしまう様な場所にあるが、境内の裏側の参道は何とも言えない不思議な気に包まれた暖かくも厳粛な気持ちにさせてくれる場所で

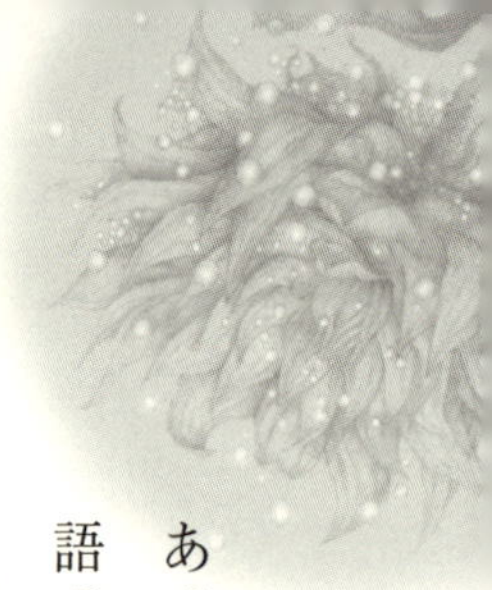

あった。伝承によると一万五千年前からある神社だそうで鬱蒼とした樹々がそれを物語っている。屋久島を訪れたときもそうであったが、地球や生命の営みの重みを感じる。

神社への参拝は、キリッと身が引き締まるとともに何か落ち着く感じがする。平和で不自由の無い生活をさせて頂いていること、素晴しい家族や仲間に出会えたことを当たり前の様に感じているが、神社でお参りをすると感謝する気持ちを思い出させてくれる。神社や仏閣の神々しさや独特の落ち着いた雰囲気は、古い建物にも関わらずしっかりと整理整頓メンテナンスをしていること、神々に毎日感謝の気持ちを込めているからであろう。我が家もそうありたいと真に想う。

私にとっての神様は妻である。常に傍にいて叱ってくれたり励ましてくれたりする存在であるが当たり前の状態になっている。若気の至りで色々と妻には苦労を掛けたが日々感謝をして安定した家庭を作りたい。

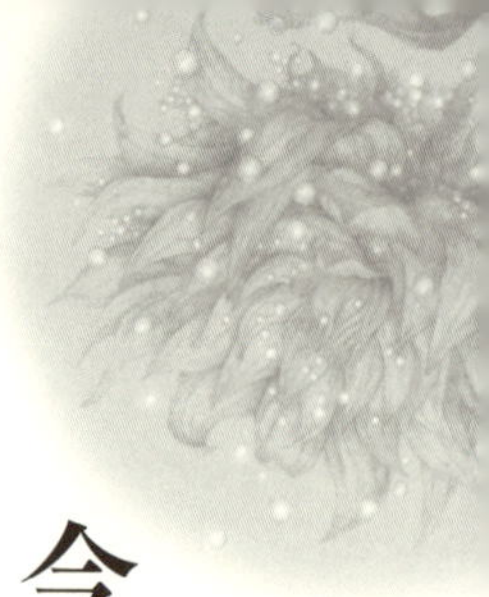

今の自分があるのは妻のお陰です。

高橋　伸

私の生まれは岩手県です。岩手県一関市で生まれ、大学から上京してきました。大学卒業後、保険会社に勤務し、昨年二月から総合保険代理店に転職しました。保険会社に勤務していた時に出会ったのが、今の妻の祐三子です。

私が本社勤務の時に同じ部署で知り合いました。その後、私は転勤し別の所属に移りましたが、二年後ある懇親会で再会し、その後交際し、一年後結婚しました。二人の子供に恵まれ、今、高校一年生と小学六年生です。

私が朝早くから夜遅くまで仕事ばかりしていて、休日も出勤していたので、ほとんど子供の面倒は妻一人に任せてきました。入学式、卒業式は勿論、運動会などの行事にも顔を出せず、父親として失格でした。

仕事一筋の私ですが、妻が家庭一般、育児を一手に引き受けて頂いたお陰で、子供達も希望通りの学校に進学し、将来の夢の実現に向けて日々取り組んでいます。

娘は今月から交換留学生としてフランス人の高校生を自宅に迎えいれ、来年三月には、逆にフランスのパリに留学の予定。娘は、中学生の時に、カナダ、イギリス、高校生になってから、オーストラリアにも行ってきており、海外留学に興味を示す程になっています。

息子は、来年希望の私立中学入学を目指し、猛勉強しています。

父親として、何も出来なく、仕事ばかりしている私にとって、家のことを一手に引き受けて育児もしっかりしている妻へ感謝しています。

安心して外で仕事出来る環境を作って頂いているからこそ、私も仕事に専念できており、特別エピソードということはありませんが、平穏に毎日暮らせていることが一番の感謝です。

将来的に、子供達が大きくなった時に、好きな海外旅行に連れて行きたいと考えております。

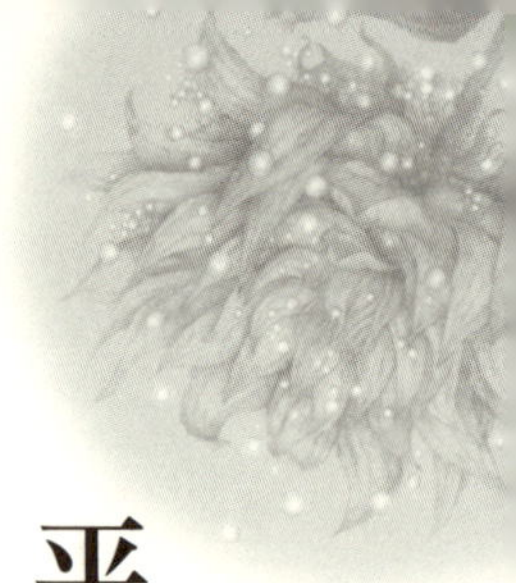

平凡で平和な家庭

ダイヤモンドメディア株式会社　代表取締役　武井 浩三

現在私は三十歳。妻と娘が一人います。結婚三年目。結婚の前には、二年付き合って、二年同棲しました。

今の家庭生活は、ごくごく平凡でとても平和です。私の理想の家庭生活そのものと言っても良いかもしれません。仕事がある程度軌道に乗ったというのもありますが、この平和な生活は妻のお陰であると、しみじみ感じています。

母が父と出会った時のことを、小さい頃に母からよく聞かされていました。初めて出会った瞬間に、この人と結婚すると、直感的に感じたと。

そのため私は、結婚とはこのようなインスピレーションでするものだと、何の疑問もなく思い込んでいました。そして実際、妻と出会ったその瞬間に、私は直感したのです。この人と結婚するのだな、と。

私が妻と出会ったのは、二十三歳の時。立ち上げた会社を畳んだばかりで借金もあり、人生で初めての大きな挫折を味わっていた時期でした。

惹かれ合った（少なくとも私はそう思っている）私達は、すぐに付き合い始めました。ごく自然に、将来の話や結婚の話をした。一緒になることに、一切の不安も疑問も感じなかった。

しかしながら私の置かれた状況は、お世辞にも良いとは言えなかったと思います。懲りずに新しい会社を立ち上げ、時給に換算するのが嫌になるほどの薄給で、しかも朝から晩まで仕事をしていました。三、四年ほどそんな時期が続いたと思います。

普通の神経の女性であれば家庭を顧みない男に、将来の可能性も家庭的な生活も見出だせないのではないでしょうか。しかし私に対する妻の態度は、私がどんな状況下にあっても、変わることはありませんでした。良い時はもちろん、悪い時でさえも。

一番印象に残っている出来事があります。あれは、同棲を始めてしばらくした頃だったと思います。会社の業績が芳しくない時期が続き、私の給料を削らなければいけないかも知れないと、妻に相談しました。元々もそんなに余裕のある生活ではなかったので、妻に何を言われるのかと、内心ビクビクしていました。しかし妻は一言こう言いました。

「二人でアパートとかに住むのも面白そうだね。」

妻は、見てくれやお金やステータスではなく、私という人間そのものを受け入れてくれているのだなあと感じ、心から感謝したのを覚えています。

私の性格もあるのでしょうけれど、会社を経営するということは、とても神経を使います。目の前の仕事に追われ、社内外の人間関係に気を遣い、それでいて将来を描き続けなければいけない。意図的に自分の限界を越えていかなければいけない。経営は、神経を擦り減らすイベントに事欠きません。

そんな仕事人間の私にとって、家庭とは単なる帰って寝る所ではなく、次の日からまた仕事に没頭するために必要不可欠な精神的な拠り所です。

今、家庭にある安心感は、紛れも無く妻の懐の深さが作り出しているものであると思います。私がどんな状況でも、良くても悪くても、妻は私の帰りを変わらない笑顔で迎えてくれると信じています。

そして妻がこのような人柄に育ったのも、妻のご両親と祖父母のお陰です。身の振りの分からない私を、家族の一員として暖かく迎えて下さり、本当に感謝しています。皆様からの支援無しには、この平凡で平和な家庭は無かったと思います。この感謝の思いを、次は私達から娘の世代へと引き継いでゆきたいと思っています。

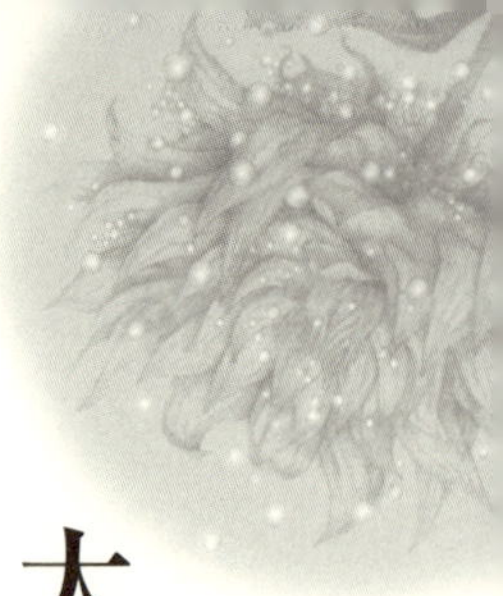

大きな子ども

株式会社田沢重量　代表取締役
田澤輝一

平成十年九月二十七日・目白の椿山荘にて田澤輝一、告宮良江が結婚する。

平成七月一日・四十八時間格闘の末、長男誕生・田澤太河と命名する。

「田澤家の長男を無事生んでくれてありがとう」

３３００ｇの元気な子どもでした。子どもはちっちゃくて可愛いね～。

生まれて二週間くらいたった七月半ば。なんだかお尻に違和感を感じ始める
ときどりピリピリする痛み、座ると「痛い！」しばらく我慢はしたがある日、
恵比寿駅近くの肛門科のあるクリニックに行く事にした。
診察の結果、痔ろうと判断される。手術をしないと治らないと言われ、
初めての事なので特に何も気にせず手術を受ける事に。

手術はすぐに終わり麻酔も効いていたのか、一時間くらい寝ていたと思う。

家では里帰りを終え、良江と大河が自宅マンションに帰っていた。

数時間後、麻酔が切れ始める。「ズキン、ズキン」しだいに痛みが増える。

痛み止めの座薬を注入しようと試みるが患部にあたり痛くて入らない。

自分では出来ないので良江に注入してもらう。汚い仕事させてゴメン！

そして「ありがとう」。

こんなに日々肛門に力が入っていたとは知らなかった。座ることすらできない。笑っても痛い、寝返りしても痛い、ふんばる事も出来ない。

何と言ってもくしゃみは激痛が走る。なさけない日々だった。

そんな中良江は、生後間もない大河の面倒を見ながら俺の介抱をしてくれたね！

まったく動けずうつぶせでテレビを見る毎日。

リモコン取り、新聞取り、ゴミだし、何から何まで良江にやらしたね！

まるで大きな子どもが増えたみたいにわがまま言い放題だったね。

食事も排泄がいいようにと工夫して料理してくれたね！

「我慢してくれてありがとう」「やさしくしてくれてありがとう」

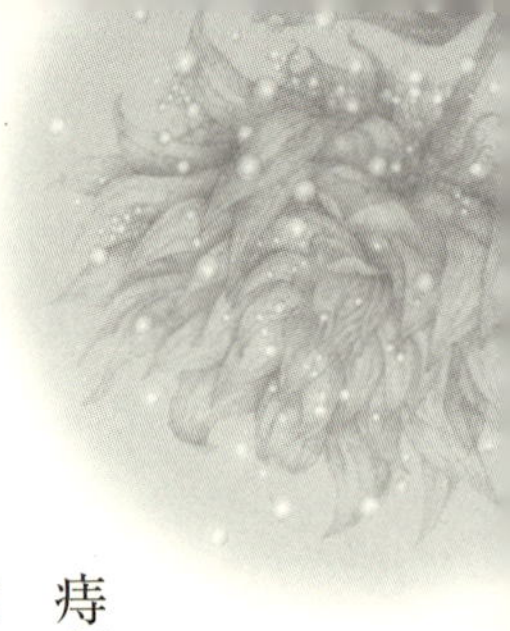

痔が治ると再びゴルフに飲み会と家に帰らぬ日々。
家族の事をほったらかして遊んでいたね。
妊娠しておなかの中に子どもがいる時も、大河の面倒は任せっぱなしだったね。
そのせいで破水して一カ月入院させてしまった。ゴメンなさい・・・
平成十三年七月二日・次男誕生・田澤太知と命名する。
「無事生んでくれてありがとう」

夜間の仕事で薬指を怪我して次の日切断と言われた時も、
他のお医者さんに切らずにすむ方法を聞いて、
病院を変える手続きをしてくれたね。
待たされて大変だったな。
でも、ちゃんと夫婦の絆である左手薬指は元気になりました。
「ありがとう」

良江は何時も俺の事を気にしてくれるね！
健康状態、ファッション、日々の事
「ありがとう」

そして何より俺の友達にも気を使ってくれるね！
「ありがとう」

俺のこれまでの人生、良江に出会えて本当によかった！
これからの人生も良江といられるように頑張る！
「ありがとう」

この先の人生、どんな困難があろうとも二人で共に生きて行こう！

最後にもう一度「thank you my wife」

JC活動を黙って支えてくれたうちの奥様！

ライロ株式会社　会長
未来創生倶楽部　会長　田辺　眞一

私は29歳の時に、当時の（社）東京青年会議所（JC）に入会した。その後、30歳ちょうどでCIのコンサルタント会社として起業した。起業した後は所属した会員研修委員会では出席もままならず、会費のみ支払いして3年間のスリープ。その後2年ほど会員研修は幹事を拝命したが、あくまで仕事優先の不良メンバー。中小企業の若旦那の書類作成能力を冷ややかに見たり、役職者に媚を売る人間にあからさまに不快感を示す不良メンバー。

その後のある年の秋、親しくしていた年長の役職者の方々から、月に一度土日のみだから、関東地区協議会へ副委員長で出向しないか？とお誘いが。当時幹事しか経験した事がない不良メンバーの私に、「ハイ喜んで！」の精神が無かったので迷いながらも、月に一度週末だけなら良いかと気軽に引き受けた。実は自薦者がいたが、ふさわしくないということで私が推薦だった模様。

翌2000年、関東地区協議会の委員会のふたを開けてみると、私が副委員長で担当する任務は関東地方中で行なわれる各地160余の青年会議所で行なわれた優れた事業から関東代表を選出し、日本JCへ推薦する褒賞（JCアワード）事業。月に一度の土日の委員会開催。これは大丈夫。しかし、関東地区協議会は山梨も含めた八都県がエリア。褒賞エントリー募集で、各県のJCが集まる会合にも全て出席して褒賞事業のPRを行わねばならず、しかも、エントリーを受けたら各地に現地視察。結局正月空けから七月の関東地区大会まで、土日祭日全てをJCに捧げることに。視察は平日にも及び、その年の車の走行距離は今までの7～8年分。受けた以上はとにかく必死に本気でやるしかない。

私の奥方は、最初は明確な不快な思いを私にもJCにも向けていたが、なぜか一度も文句を言わずに協力してくれた。意外な側面を見て驚いた。

その年担当した褒賞事業の評判が良く、翌2001年は同じ委員会にて、褒賞の他広報事業も受け持つ委員長を拝命。関東地区協議会の委員長は、各地青年会議所にて理事長になるための必要な用件の一つであり、あるいは理事長経験者が拝命する責任重い役職。

この時に、私の奥方は2年連続で引き受けるとはバカ?という思いはありながらも、またしても一言も文句を言わず何も質問もせず「頑張って」と協力してくれた。

２００１年も、年初から（実際には前年秋から）土日祭日全てＪＣの日々。関東地区協議会委員長は、関東地区協議会役員会や東京ＪＣでも派遣役員として理事会への出席義務。これまた仲間の数も異常に増えたが、2年続けて7月まで金土日祝全て家にいないというのは、一般的には異常な状況。

翌２００２年は関東地区協議会から東京ＪＣに戻り、お役御免でのんびりするつもりが、同期生が理事長となり、それに伴い広報担当理事が回ってきた。東京ＪＣの広報事業を全て新しく構築するという使命を頂いたものの、過去の取り組みを否定することとなり、過去のメンバーの協力ゼロで田辺オリジナルの特別委員会に。

当時ＪＣのホームページは低水準だったので高度化を求められ、当時はまだＪＣに無かったメルマガの発行等、今度は週末から一転して月曜から金曜日まで全てＪＣに。この時も、うちの奥方は呆れ返っていながらもまたしても一つも文句を言わず、引き受けた以上しっかりやって来いと言い出した。

不思議とＪＣが忙しくなると仕事が増え、社員にも恵まれ業容も拡大。３年連続全て新しく構築する役目を頂き、このＪＣでの経験はかけがえのないものに。

そして翌年はＪＣ卒業の年。卒業年はどこかへ一般メンバーで出向しのんびり過ごそうと思っていた矢先、その理事長が日本ＪＣ副会頭になるからと田辺は東京ブロック協議会（都内市部含め23の各地ＪＣ）の副会長に。この時も自薦者がいたのに私へお鉢が回ってきた。夕方から開催のため多摩への移動は毎回帰宅ラッシュ。これには参ったが、東京ブロックナンバー２のポジションで、気がつけば一番年上。晴れてＪＣ卒業の時が来て、いろんな場所で行われるＪＣ卒業式に私の奥方も呼び出され、メンバーから卒業をお祝いして頂いた。少しは誇らしく思ってくれたかどうかはわからないが、ただただ彼女は笑っていたが、最後に「お疲れ様」とひとこと。

仕事だけでは絶対に得られない学びとご縁。自分も頑張ったつもりながら、全ての土日祭日、下手したら前泊で金曜から家にいない異常な２年間。そして２年間、月曜から金曜まで、下手したら土日もＪＣに捧げる日々。一度たりとも文句を言わずに支えてくれたうちの奥方様のおかげなのは間違いない。心から感謝。

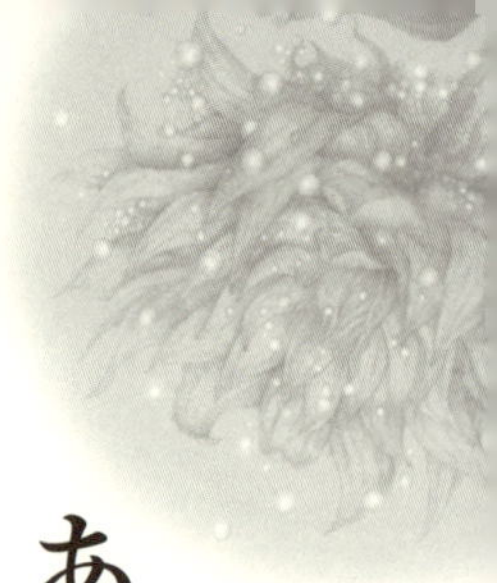

ありがとう。我が通産大臣。

田辺総合法律事務所　弁護士　田辺 信彦

家計で金銭の収支を全面的に握っている奥さんのことを我が家の大蔵大臣ということがあるが、私は妻のことを大蔵大臣ではなく通産大臣と読んでいる。これは家計を全面的に任せられていないことと妻の名前は次江（つぎえ）と言い、両親から愛称で「つーさん」と呼ばれていたからである。つーさんからもじって通産、権威を与えて通産大臣という次第である。

「夜目遠目笠の内」という言葉があるが、夜暗い所で見る場合、遠くから離れてみる場合、笠をかぶっていて笠で隠れて顔の一部しか見えない場合などは、小さな欠点が隠れて女性が実際より美しく見えることがある。

女性を見るときはいつもこのような目でみたいものであると日頃思ってはいるが、私と初対面の時彼女は片目に眼帯をしていた。つまり顔の一部しか見せなかったのである。

なんでも高校大学と一貫して水泳部だった彼女は波のない海など面白くなく、台風が来て茅ヶ崎海岸の海が荒れて波が高くなって海水浴場が遊泳禁止になったところで同じく水泳部出身の姉さんと一緒に「それっ」とばかりに海に泳ぎに行ったそうである。ところが、波が引いたときに岩場に顔を打ち付けたとかであざができそれを隠すために眼帯をして見合いの場に来たという。顔の一部分が隠されていたため想像力が働きその分美化されたのかもしれない。それに元来もの好きな私は彼女の行動とか性格に好奇心をそそられ交際は発展していった。

結婚してもう三十年以上になるが、彼女は単純ではない。今から思えば結婚当初は彼女のことを全く分かっていなかったと思う。ええー！こんな側面があったのかと新発見をしたことが何度あったことか。最近になってようやく彼女が理解できるようになってきたと思う。

そういう意味ではいつも新鮮で飽きることはなかった。怒ると仁王様より怖いが、根はやさしく特に弱い者に対してやさしい。ルンペンが自宅の玄関に来て「帰りの電車賃がないので千円貸してくれませんか」というとお金をあげずにはいられないのである。それも少し多めに三千円位を渡す。見知らぬ人だし、本当にお金がなくなってしまったのかどうかもわからないし、実際お金が返された試しはないのであるが、そんなことも複数回あった。

彼女は客を集める力?がある。彼女と一緒に店に入ると、なぜかそれまでガラガラにすいていたその店が混雑し始める。いつもそうだから店の方では分かっていて歓待してくれる。これはサービスですと言って注文していない料理を貰うこともあれば、通常より三倍位大盛りにしてくれることが良くある。

彼女は私と違って目が良く両目とも二・〇だから遠くの人でも素早く発見できる。表情も分析できる。おまけに耳も地獄耳だから隣とか後ろの席の会話も全部聞こえるのである。さっきの店でななめ後ろに座っていた二人はこういう会話をしていて悩みはこうだとか後で説明してくれる。われわれもその間いろいろ会話をしているのに良く同時に他のテーブルの会話まで頭に入るねと私は感心する。

彼女が最も素晴らしいところは雰囲気を見てその場を盛り上げることができることである。また誰かにものをあげるときでも食品なら必ず試食して美味しいことを確認してから贈るし、誰かを食事に招待するなら何軒かの店を予め試食して回り味とか雰囲気を確認したうえで一番良いと思った店に招待するのである。おもてなしの原点なのだろう、時間やお金をたくさんかけてでも徹底するというところは感心させられる。

子供の教育にも熱心で受験時代ばかりか大学生になった息子や娘と一緒に医学や法律を徹夜で勉強したりする。母親が認知症になり姉が鬱病になって自分も半分おかしくなりながら母親が最も幸せに生きられるように努力する姿には頭が下がる。介護して貰うならこういう人に介護して欲しいと思う。

私の持っていない能力・性格で私の人生に彩りを与えてくれ、いつもやさしい笑顔で心を癒してくれ、子供たちも立派に育ててくれたわが妻・通産大臣に改めて感謝したい。お陰さまで人生を楽しく過ごせました。

本当に、本当にありがとう。

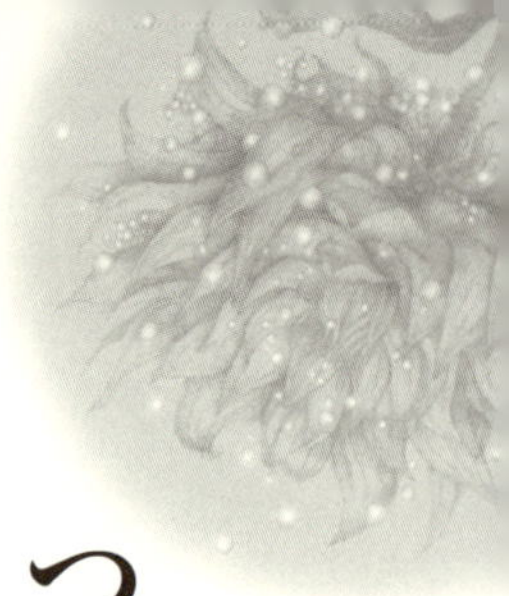

ついて来てくれて、ありがとう

Moving Shop 株式会社　代表取締役社長　丹下 正一

私は、社会保険労務士として独立し、今年で16年になります。東京都新宿区で経営している社会保険労務士事務所での勤務社会保険労務士からの独立です。また、平成19年4月1日からは特定社会保険労務士として、新たな業務を行っております。

さて、開業当初を思い出すと、思い切ったことをしたなと感じます。

最初、妻が勤め先を辞め無職となり出産を控え無収入の状態のところ、私が開業をしました。私もお客さんがなく無収入で、家計を支える収入が全くない状態となりました。

このような無収入の状態になることが分かっていたにもかかわらず、妻は、特段文句も言わず、私の開業を了承してくれました。

私を信じて開業を了承してくれた妻に、本当に感謝です。

しかし、お客さんもなく無収入で時間がある状態は、悪くなかったです。妊娠中の妻と一緒に自宅近くの稲荷山公園を散歩したり、出産に立ち会ったり、生まれたばかりの長男と多くの時間を過ごすことができました。

この経験ができたことも、妻が文句を言わず、開業を了解してくれたからです。妻に、「ありがとう」と伝えたいです。

その後は、ご紹介などでお客様も順調に増え、現在に至っております。ただ、最近は、弁護士の方が労働問題の相談を受けたり、独立する社会保険労務士や法人化した社会保険労務士事務所も増え、競争が激しく、私の収入も伸び悩んでいます。なんとか、この状態から、脱出を試みたいですね。

さて、実は、現在、第2の創業期を迎えています。

Moving Shop株式会社を立ち上げ、平成16年に発明し権利取得した特許を基盤に、平成23年から「映像を活用したプロモーション広告の新しいシステム」を開発。来年の平成27年には、サービス提供を予定しております。

当社が特許を取得し開発中の技術は、『映像中の動くアイテムをクリック可能な広告サイトへのＵＲＬが追随する』というもの。現在では「映像中の動くアイテムをクリックする」という習慣はありません。しかし、その考えられない習慣を、将来的に習慣とする技術、これが当社の技術です。この習慣が根付くと、映像コンテンツそのものが新しい広告媒体となり、知りたいファンと知ってほしいアパレルメーカー・芸能プロダクションを映像でつなぐ新しいＰＲのかたちとして、次世代の収益モデルが生まれます。

デモ映像

〈子供服ファッションショー「KAJIN」フォーマルウェアの通信販売〉

http://www.kajin.jp/mvs/

この事業は最初に、システム開発による製品化が必要であったことから、ここ2年間以上、まったく収入がない状態で開発だけを進める状態でした。

このような状態の中、妻は、まったく文句も言わず、開発による製品化を待っていてくれました。売り上げが全く入ってくる予定もなく、お金だけが出ていく状態であっても、我慢強くついて来てくれました。


独立開業をしたり、新しい事業を施すことは、楽しいですね。その代わりリスクも大きいですが。それをじっと了承し、我慢強くついて来てくれる妻には、本当に感謝しております。

この事業も間もなく波に乗る予定です。

そうしたら、妻には旅行でもプレゼントしたいですね。そして、いつまでも健康で、楽しい人生を歩んでもらいたいと思っております。

昭子、ついて来てくれて、ありがとう。

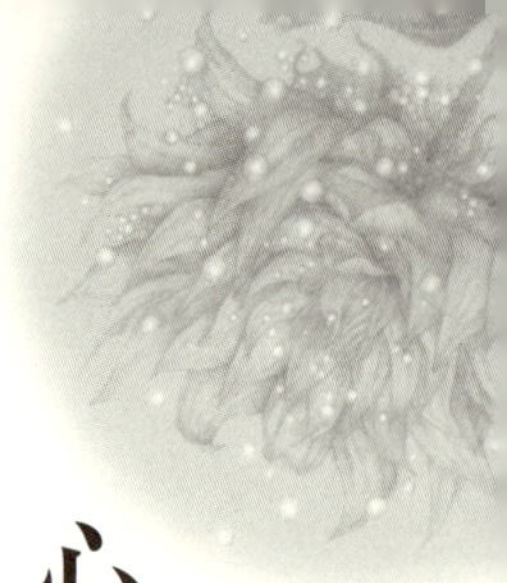

心から妻に感謝！

イトキン株式会社　営業本部営業担当課長　辻村 真一

私は祖父が創業したファッションの会社に勤めております辻村真一と申します。妻とは三年の付き合いになり、二人の子供にも恵まれ、毎日にぎやかに過ごしております。営業部長として仕事をしているので、朝早かったり、接待で夜遅かったり、出張やゴルフも多い生活です。また、妻も社員教育の仕事をしている共働きですので、日々妻に苦労をかけているタイプだと認識しております。

今回、「ありがとう我が女房」というコラムの依頼をいただいたとき、正直恥ずかしさを覚えました。

一つは、妻のことを人前で「女房」と呼んだことが無かったからです。

二つ目は、女房のことを感謝はしていても、普段の生活の中できちんと感謝を伝えていない自分に気付かされたからです。

三つ目は、女房への感謝って、すごくプライベートなことなのに、コラムで皆さんにどこまで言っていいのだろうと私生活の暴露みたいな気持ちになったからです。

女房のことを、人前で呼ぶときに、今までは「妻」とか「ワイフ」、「パートナー」という言葉を使っていました。女房って、なんだか親しみと深みがある言葉ですよね。また、「女」という字が入っているせいか、いかにも「俺の女です」って言っているような気がして気恥ずかしさを覚えていました。女房と呼んだのは、このコラムが初めてになるかも知れません。

でも一度使ってみると、女房への愛情や家族としての絆のようなものをより深く感じ、すっかり気に入ってしまいました。

「ありがとう」という言葉を多く使う機会の一つは結婚式だと思います。我々の結婚式は二年前の春、雪が降る寒い日のことでした。ウェディングドレスが着たいという理由で選んだ結婚式は、チャペル式でした。牧師さんが多くのメッセージを伝えてくださいました。

先祖・家族・友人・同僚・社会への感謝
二人が大事にしていかなければならないこと

富める時も、貧しい時も、のくだり

一字一句は覚えていないけど、お互い感謝しながらやっていこうと強く思ったし、今でもそう思っています。しかし、日常生活の中では、朝の支度であったり、子守であったり、家事であったり、という中で目も見ずに「ありがとう」と言ってしまっていることがあります。携帯電話で聞きっぱなし、メールやＬＩＮＥで読みっぱなしになっていることもあります。疲れたときに女房の目に浮かぶ涙からは、

「私は頑張っているのに、あなたから感謝の気持ちが見えない」

という文句が聞こえて来て、「しまった！」と思い、改めて「いつもありがとう」と伝えても、気持ちが伝わらなかったことも多々あります。

「夫婦はあうんの呼吸だ」

「家族には言葉で無くても伝わるものがあるんだ」

という言葉を聞いたことがありますが、それはきっと嘘です。いや、もしかしたら感謝をきちんと伝え合ってきた熟年夫婦にはあるのかも知れないが、少なくとも我々には密なコミュニケーションが大事だと思うようになりました。

最後に、皆様に披露できる「ありがとう我が女房」エピソードを思い返してみまし

た。日々の家事や子育て、妻としての私へのサポートなど、羅列し切れないほど、毎日が感謝です。だけど、やはり一番に思うのは、私のことを生涯のパートナーとして選んでくれたことです。

結婚の相談を、友人や社員からされるときに一番多い質問は

「結婚って、どうやって決めたらいいんですか？」

というものです。恋人がいて、その人と結婚することを悩んでいる人。相手がいなくて、どんな方とめぐりあって、どんな結婚をすればいいのか考えている人。後輩には、立場上かっこいいことを少々述べることもありますが、結局は思い切りであったり、ご縁であったり、言葉にできない何かだと思います。

会社を経営している一家なので、家族の時間よりも仕事の時間が優先されたり、家に帰れない日があったり、女性としては不安に思うことも多々あったと思いますが、私を信じて、私に賭けてくれた女房に、心から感謝し、恩返しをしていきます。

私のコラムに目を通してくださった皆様に、感謝申し上げます。これからも夫婦力を合わせて頑張って参ります。そして、女房が亡くなるときに、私を選んで本当に良かったと言ってもらえるよう精進して参ります。

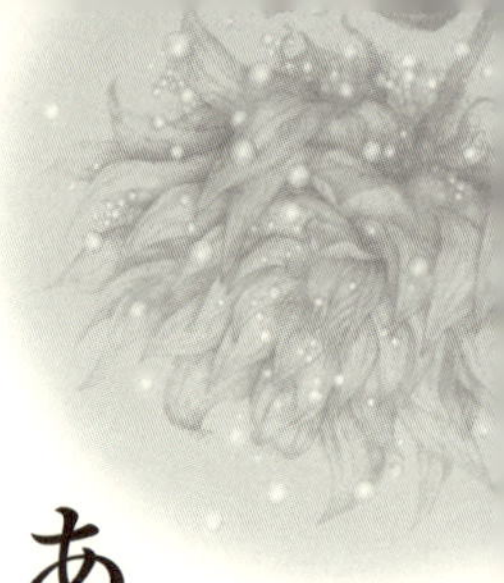

ありがとう。我が女房

株式会社ツナシマ　代表取締役
綱島 正寛

古希を迎えた今年、ふと足元を見つめることがあります。

最近、私と家内の両親を 相次いであの世に見送りました。そんなことがあって自分の生きて来たことの意味を考える機会が多くなりました。永年共に生きてきた人生のパートナー〝わが女房〟もおそらく同じような思いがあるのではないかと感じています。

私は女房と結婚して、世間で言う甘い新婚生活も二人だけの新婚所帯にもあまり縁がありませんでした。結婚したのも職場結婚で、職場の仲間がいつも我が家でウロウロしておりました。そして何よりも家内の父親は勤務先の社長でした。

会社なのか自宅なのか職場の仲間も私達夫婦も区別すらつかない状況でした。岳父は戦後焼野原となった東京上野アメ横から文字通り裸一貫事業を立ち上げ、戦後の高度成長を支えたいわば立志伝中の男でした。

一時期「戦後、第二のソニーか！」などとマスコミで持てはやされ、昭和三十年代から四十年代にかけて米国家電製品の輸入販売で一世を風靡した創業社長が父親でした。

その長女と結婚した私は、高度経済成長の時代、日本国内を飛び回る一介の営業マンでした。仲間からは「社長と君は言ってみれば鵜と鵜匠の関係だな」などと揶揄されたものです。この親子関係、職場の複雑な人間関係を一手に引き受けてくれたのが〝わが女房〟でした。

中小企業のしかも同族経営の典型のような企業が勤務先でした。上を見ても下を見ても親戚だらけ。職場に加えて当然ながら親戚付き合いも年を重ね微妙な立場となりました。一族の大黒柱である岳父は当主として絶対的であらゆる事を差配しておりました。そんな中でゆれる私の立場を支え続けてくれたのが〝わが女房〟でした。

最近、誰かが後ろで出過ぎぬように、遅れぬように背中を押したり引いたりしている事に気付きました。それは言うまでもなく長男の長女としての〝わが女房〟殿でした。最強のパートナーであることに今頃気が付くとはあまりにも遅すぎると、自問自

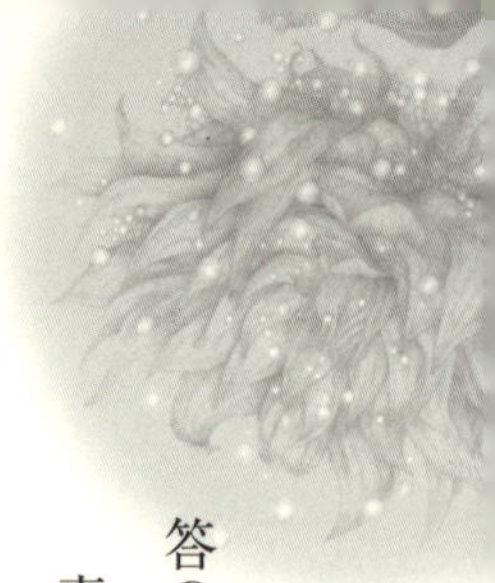

答の日々です。

妻と言うより戦友、母親と言うよりお局様的存在が〝わが女房〟です。教育にかけては人一倍負けず嫌いの一面がありました。

文京区本郷に住まい続けて四十数年、日本でも有数の教育エリアです。地の利を生かし二人の子供への英才教育は徹底していた。教育者の息子である私は、あまり教育熱心ではない。どちらかと言えば子供の自主性を重んじる方です。〝わが女房〟の独断専行をはらはらしながら傍観して来ました。

結果として子供二人を国費運営の小学校から高校まで学ばせました。息子に至っては小学校から大学まで国立で学ばせるといった快挙を残してくれました。我が家にとって教育コストを大幅に削減させさせるプロジェクトには成功した訳です。

今、古希を迎え〝わが女房〟殿に感謝の気持ちをこめて何かをプレゼントしたいと考えています。何が良いか、何が嬉しいのだろうか考え付かない。

〝わが女房〟殿の消費動向を垣間見ると、もう欲しいのは「モノ」では無さそうだと感じています。それではと海外旅行？　温泉旅行？と問うても色よい返事がありません。

この歳まで曲りなりにも仕事に携わっている夫婦などあまりお目にかかりません。

考えてみると、健康で日々お客様とことばのキャッチボールが出来る今の環境以上の贅沢はないのかもしれません。

今一番のプレゼントは「自由な時間」と「ありがとう！」の一言かもしれません。

ありがとう、あなた（夫へ感謝を込めて）

株式会社壱頁　代表取締役社長　常山 あかね

私は現在、株式会社壱頁というＩＴ支援・コンテンツ制作の会社を経営しています。会社のキャッチコピーは、【「仕事も子どももあきらめない」女性が生き生きと輝く日本を目指す、ソーシャルベンチャー】。子育て中の女性が、専門性を生かしながら、在宅で働ける会社です。私は、二〇〇六年に会社を起こしましたが、もともと、夫と結婚し長男が生まれてすぐの育児休業中に、この会社のベースとなる個人事業の発想を得ましたので、会社の歴史イコール、結婚してからの歴史そのものでもあります。

****

夫へ感謝を込めて。

あなたと学生時代に出会い、結婚してから、早くも二十一年が経ちました。長男も大学生になり、無事成人を迎えました。今でこそ「イクメン」という言葉がブームですが、そんな言葉が流行る前から、あなたは当然のように、三人もの子どもの子育てに積極的に関わってくれました。例えば、私が仕事で帰りが遅くなるときも、少しでも私のチャンスになるのであればと、快く子どもたちの面倒を見てくれました。

最近では、アベノミクスで女性の社会参画が叫ばれていますが、今のように女性の活用が話題になるずっと前から、あなたは女性の社会進出を応援していました。長男が生まれるときに私は損害保険の会社に勤務していましたが、キャリアを子育てで中断しないために、当時は大変珍しかった育児休業を取得することを勧めてくれたのは、あなたでしたね。

そして、私が育児休業中に、趣味で開設したオンライン学習塾が、人気になってきたときのことです。そのホームページに月に2回更新するとサイトで告知していた私が、子どもの病気の看病で少しでも更新が遅れると、「ネット上だからこそ信用が大切なのに読者との約束を破っていいのか?」と私の本気度が足りないことを、厳しく咎めましたね。

また、私が二〇〇六年に横浜市のビジネスプラングランプリで、最終選考プランに選ばれ起業したときも、法人化のチャンスを手に入れたのにも関わらず、新たなビジネスに挑戦しない私の姿勢に苛立ちを隠しませんでしたね。

しかしあなたは、二〇〇八年に起きたリーマンショック後、クライアントからの仕事が激減して落ち込んでいる私に、これから何をすべきか、真摯に相談に乗り的確に方向性を示してくれました。

最近では私がテレビ番組にコメンテイターとして出演する機会があったのですが、放映後感想を尋ねたら、「内容はともかく仕事という自覚があるのであれば、とにかく痩せたほうがいい。」と一言。

今思うと、いつもあなたの厳しい言葉ばかりが頭に残っていますが、私の成長を常に願ってくれているからこそだとわかっています。

私の最大の理解者であり、いつも私の人生に寄り添い、私を導いてくれたあなたに感謝の気持ちで一杯です。

ひたむきに前を見て共に進んできた私たちも、間もなく五十歳を迎え、そろそろ現役の最終コーナーに入ります。しかし、まだまだ私には挑戦したいことがたくさんあります。

それを私が成し遂げたとしても、死ぬ間際にあなたはきっと、私に「まだ持てる能力の半分も発揮していない」と言うことでしょう。

それでも私は、あなたに私の人生を応援して心からよかったと思ってもらえるよう、これからも頑張っていきたいと思います。

これからもふたりで素敵な物語を紡いでいきましょう。

妻が私に与えてくれるもの

シリウス総合法務事務所　代表　寺内　正樹

私と妻は結婚してから丸四年になる。彼女との出会いは六年前に友人からの紹介だった。その紹介が一風変わっていて、日付と待ち合わせ場所のみ指定をされ、名前も年齢も職業も何も知らされないまま、二人で会ってみてほしいというものだった。私と妻の双方を知っていた友人で、きっと気が合うからという話だったのだが、私も初めての経験で、期待と不安が入り混じっていた。

ところが、当日、仕事の関係で、私は待ち合わせ場所の恵比寿のレストランに二〇分ほど遅刻をしてしまった。このことは、喧嘩をすると、いまだに妻から持ち出されている。

そんな始まりだったが、結局、友人の読み通り、私たちは付き合い、結婚した。さすがに結婚まで友人は読んではいなかったようだったが。というのも、私と妻の性格は、違っている部分も多い。

彼女は、白と黒がものすごくはっきりしているが、私は物事にはグレーもあると思っており、そこを白黒のみで分けてしまうことには違和感を感じてしまう。彼女は、早く行動をしたいタイプだが、私は、考えて方針を決めてから一気に動くタイプなど、どちらが良い悪いではなく、性格が異なっているのである。

そのため、彼女の指摘は、私に大きな気づきを与えてくれている。私が気がつかない部分、時には、気づきたくない部分にまで踏み込んでくる。それが喧嘩の原因になることもあるが、それがあるからこそ私は今の成長があると思っている。

私は行政書士、社会保険労務士という仕事柄、クライアント様である熱い社長をなだめ、冷静な判断を求められる場面も多い。そのような中、最も感情的にぶつかることができるのは彼女との会話なのだ。面と向かって感情をむき出しにできるということはとてもありがたいことなのだと思う。

私は、人生において、「バランス」は非常に重要な要素だと思っている。仕事と家庭、思考と行動、正確さと速さなど、「バランス」を考えなければならない場面は、人生においてとても多いからだ。

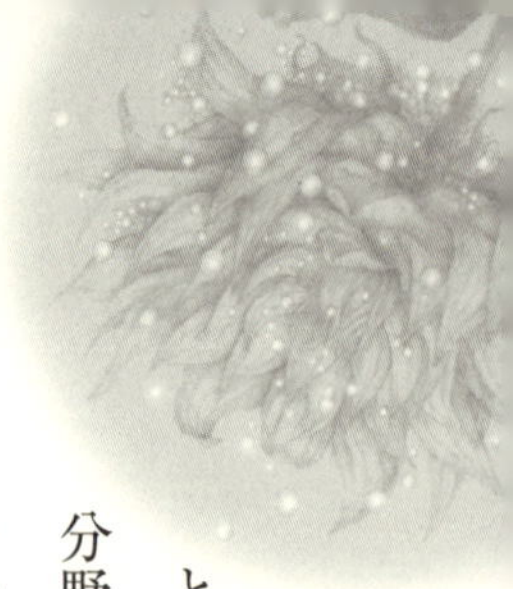

とは言え、一人の人間で全てをバランス良く保つことは非常に難しい。誰でも得意分野と不得意分野、好きや嫌いなどがあるのが通常で、すべてが完璧である人はなかなかいないであろう。

むしろ、それらがあるからこそ、それらがその人の個性や特徴となり、その人独自の強みを生み出していくものだとも思う。

つまり、「バランス」は重要であるが、それを一人で実現する必要はないというのが私の考えだ。私にとって、妻は、私にない要素をたくさん持っていて、彼女による気づきが私の人生に「バランス」をもたらしてくれているように思う。

妻が同じタイプであれば、それはそれで楽しいのかもしれないが、私の場合は成長速度が鈍ってしまうかもしれない。

彼女がいてくれるおかげで、私の家族としての総合力は、間違いなく上がっている。そして、成長速度も加速していると感じる。

パズルのピースや歯車のように、それらがガッチリと組み合わさるには、まだ時間がかかるかもしれない。しかし、彼女がいてくれれば、それは近い将来、実現できるように思えるのだ。

これからもぶつかり合いながら、一生懸命に頑張っていこう。
いつもそばにいてくれて、本当にありがとう。

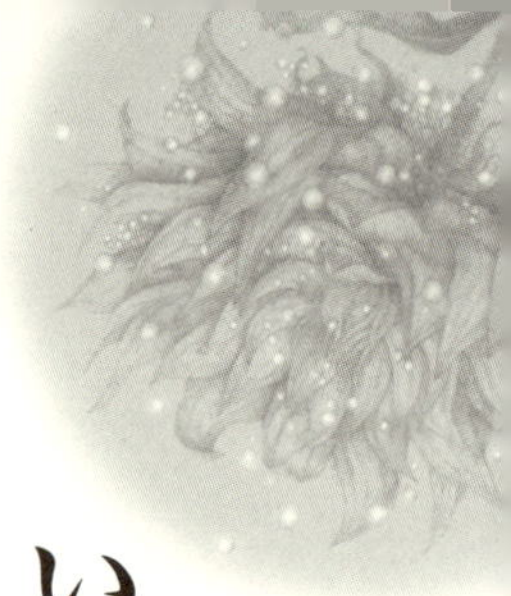

いつも、支えてくれてありがとう。

株式会社エクセレント　代表取締役社長　中丸　武

私は十七年間海外で生活をしてきて、今から十年前に日本へ帰ってきました。当初は日本の生活に戸惑いを感じながら日々過ごしていました。そんな時に知り合いの紹介で知り合ったのが今の妻です。

知り合った当時は、私の一目惚れでしたが、徐々に二人で出かけるようになり、半年後、結婚しました。当時は今の会社の社長になったばかりで、今後の会社の運営方針や海外と日本のビジネスの違いに悩む日々を過ごしていました。

そんな中、悩んでいる私に妻は「家の事や子供の事は全て私に任せて。家での心配ごとは、私が全てやるから、あなたは会社の事に集中していいから。海外と日本だと色々仕事も習慣も違うと思うけど、あなたがやってきたやりかたでいいと思うよ。何か失敗したり、大変なことが起こったりしても、なんとかなるわよ。」と言ってくれました。

その言葉で何か気持がスッキリして、会社の事に集中して取り組めるようになりました。確かに文化の習慣の違いやビジネスの習慣の違いがありましたが、自分の考えでいいんだと考えられるようになり、仕事に邁進できるようになりました。

会社を経営していく中でつらい時や大変な時もありますが、いつも、妻の言葉を思い出し、頑張ってこれています。妻も言葉通り、家の事もしっかりこなしてくれて、両親の事も常に気を掛けてくれていて色々と両親の為にしてくれています。

そして兄弟や親戚とも常にコミュニケーションをしっかり取ってくれて、私に心配かけないようにと、全てを、色々と取り仕切ってくれています。

この間に二人の子供が生まれても全てひとりでやり遂げ、育ててくれています。私は仕事で平日はだいたい夜は遅いし、週末も仕事で外に出ることが多いのですが、文句ひとつ言わずに、「いつも大変ね、体壊さないようにね」と気を遣ってくれています。

家で食事するときは、私の健康に配慮して、子供たちとは別に食事を作ってくれます。そして、私が夜遅くなるとわかっていても、いつも、何があってもといい様にと

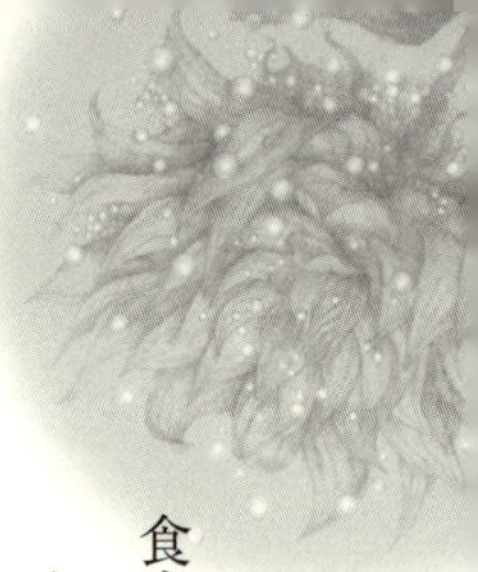

食事がすぐ出来るように用意をしてくれています。

妻は私の十二才年下なのですが、そんな年齢差を感じせないぐらいしっかりしていて、いつも、私や子供たちの事、そして、両親や周りの人に、気にかけてくれているので、私も家の事を心配しないで仕事に集中できるのだと思っています。それは、本当に幸せなことと思います。

そして、子供たちの事でも将来、もし、子供たちが、「お父さんと一緒の仕事をしたい」と言ってもいい様にと、経営者になる為には、どういう風に育てていけばいいのかと常に考え、子供を育ててくれています。妻も今は家の事や子供の事で大変だと思います。そんな中、何一つ文句も言わず、私を常に支えてくれています。

ですから、私もこの人と一緒になれて、最高に幸せだと思います。そして、将来、子供が独り立ちして、２人の生活が落ち着いたら、ゆっくり妻と旅行に行ったり、二人でゆっくり楽しめる生活をさせてあげたいです。

なかなか直接言えないのですが、本当に妻に「いつも、本当に、ありがとう」と言いたいです。

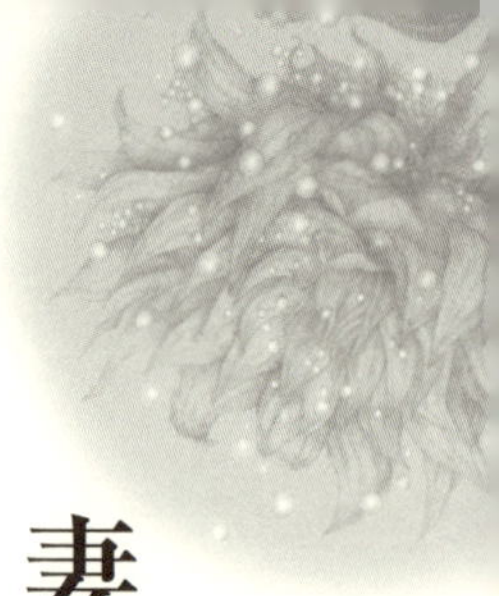

妻の明るさで乗り越えてきました

株式会社ウィンコーポレーション　代表取締役
中村 真一郎

私の会社は、創業してから今年の7月で20年を迎えます。私は現在46歳ですので人生の半分近くを社長として過ごしてきました。

私の生まれは山梨県で、40年前では珍しい有機野菜を栽培する農家の長男として生まれました。小さい頃から両親の経営する農業と付随する商売を見てきましたので、いい時と悪い時の苦労を身に染みて感じていましたし、両親のお金の苦労も見てきました。そんな環境も影響して、小さな頃から『将来は社長になってお金持ちになる、サラリーマンでは一生を過ごさない』と心に誓い過ごしてきました。

高校卒業後は、数年間サラリーマンを経験した後26歳で独立し、いつの時代も求められる運送事業を始めました。26歳から30代前半までは、会社が大変儲かった時期で己惚れていた時期でもありました。そんな時に出会ったのが今の妻です。

しかし、そんな良い時代は続きませんでした。創業当時から私の右腕として相棒のような存在であった役員の裏切りや、取引先の倒産により会社の経営が傾き始めました。事務所は自宅に移転し、妻に事務員をお願いして、一から出直しする事になりました。妻はまだ長女が生まれたばかりでしたが、電話番と当時はネットバンクもない時代でしたので、ベビーカーを押しながら銀行に並び従業員の給与振込をしてくれた時期でもあります。電話口で小さな子供を抱きかかえながら、当時26歳の妻が電話の対応をしてくれ、「子供の泣き声が聞こえるけど、お宅どんな会社なの？」と不信感を持たれる事も度々ありましたが、妻の持ち前の明るさで何とか解決し対応してくれていました。

20代の若い女性が、潰れそうになった会社の留守番を毎日してくれた心境を思うと、今でも辛くなります。そんな妻のサポートの甲斐あって、その後は順調に業績回復を果たし、今では子会社を3社設立するまでに大きくなりました。また、私はその他に現在3社の経営をしており、計7社の代表取締役を務めております。これも、苦難の時期でも持ち前の前向きな明るさで、文句も言わずにサポートしてくれた妻のお蔭であると思います。

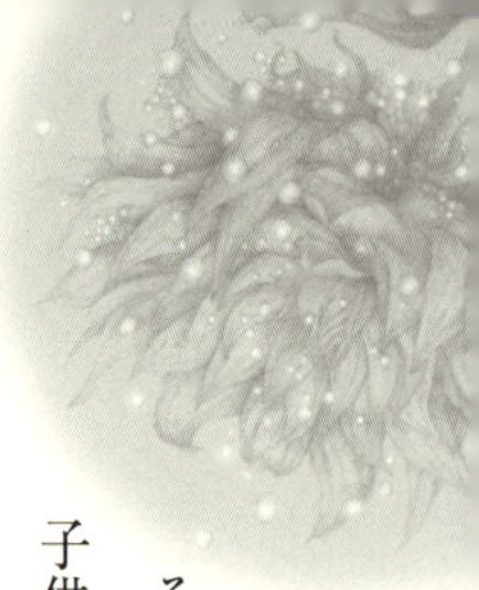

その後、妻は子供の成長と共に会社の事務員を離れ専業主婦となり、今では２人の子供を立派に育ててくれています。

また、妻は「経営者は運が大事である」と考え、自宅に風水を取り入れ常に綺麗にしてくれています。玄関は毎日ブラシで洗い、私の運気がアップするようにとサポートしてくれています。

この20年間、幾度も経営危機に直面しながらも、その都度強運としか思えないような神風が吹き危機を乗り越えてきました。

今言えるのは、ありがとう、わが女房。

今があるのも妻のサポートのお蔭です。本当にありがとう。

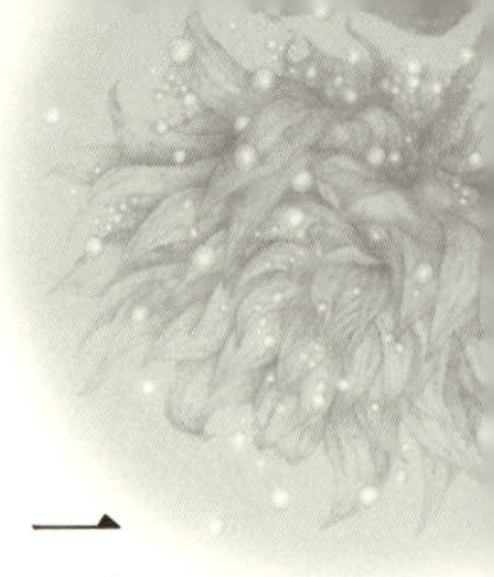

二度のターニングポイント、そのとき妻は

株式会社アドビジョン　代表取締役　成田　聖

私の人生の二度のターニングポイントとは、病気と起業のことです。病気とは、三十八歳で患った心筋梗塞のこと。落胆と奈落の底に苦しみながらの会社勤め。起業とは、五十歳で遅まきながら、今、独立すべきか悩んだ末の広告代理店の立ち上げ。
では、各々のターニングポイントでの我が妻の気持ちはどうだったのでしょうか？

《一度目のターニングポイント、その時妻の髪は白くなった》

あれは私が三十八歳の時でした。某テレビ局のゴルフコンペで鬼怒川カントリークラブでの出来事です。スタート前に胸と背中が痛くなり、このまま痛みが続けば、ゴルフは無理かなと思いました。ところが不思議と自分のスタート直前に痛みが嘘のように消え、スタートしました。

後半のハーフ、最終一八番ホールでティーショットを打った瞬間、胸と背中が一度にグッグッとかなり強い痛みに襲われ、なんとかホールアウトして自宅に戻りました。

この間、一時間三〇分激しい痛みに胸が潰れそうでした。

当時住んでいた春日部市の駅前病院についた頃には、また不思議と痛みがすっかり消えていました。ここでの医師の診断はゴルフによる筋肉痛でした。

後日、都内の大学病院で心電図を取って貰ったら、なんと心筋梗塞の診断。冠状動脈のうちの左回施枝の下の方が塞がり、血液が届かないところは既に壊死しているとのこと。六十、七十の年寄りならいざ知らず、なんで三十八歳の俺が！と絶句しました。

幸い、急性心筋梗塞の時期を脱しており、以後内服液で治療することになりました。

私は既に職場復帰を果たしサラリーマンとして仕事をなんとか続けられる思いがありましたが、生活の目標を見失うことも多々あった時期でした。

妻といえば、当時三十歳で、まだ小さな子供二人をかかえた専業主婦。私の身に何かが起きれば大変と身を案じ、どれだけ心労をかけたことか。後日妻から聞いた話では一晩で前髪の一部が真っ白になったという。

『この時、本当に支えてくれて、ありがとう！』

余談ですが、二〇年後の五十八歳の時、今をときめく順天堂の心臓外科医、天野篤教授に心臓バイパス手術をしていただきました。天皇陛下より先です。

《二度目のターニングポイント、その時妻は笑顔だった》

私が五十歳の時、今まで大変お世話になった会社を辞め、起業する時でした。自分の性格からして、独立して何かやるなんて人生設計になかったが、何かに押し出されるように、今までの仕事の延長の広告代理店を赤坂で開業することになりました。

私が「会社を辞めて、自分で独立してやることにしたよ」と言うと「自分の人生だから、自分で決めればいいよ」と妻は笑顔を見せながら私の問い掛けに答えてくれました。

この時既に妻は仕事をしていて、十数年のキャリアがありました。何かに頼る癖のある私はこの時の妻の一言が本当に嬉しかった。

「もし独立して失敗したら、食べさせてね」

「任せなさい。何かあったら私が食べさせてあげるから」

こんな会話が私の独立への大きな支えになったのは言うに及びません。

『この時、本当に支えてくれて、ありがとう！』


今では私も六十九歳になり、会社経営も順風満帆とは言えない時期もあり、「何かあったら妻に食べさせてもらえばいいや」というのも頭によぎることが一回や二回ありましたが、なんとか創立二〇周年を迎えることができそうです。当然、私一人でできることではなく、社員の皆様、お取引先の皆様、そして最愛の妻に支えられて、ここまで来たのは紛れもない事実です。

「もし失敗しても妻に食べさせてもらえるから」というういい加減な私を「いいよ、大丈夫。心配しないで」と強く後押ししてくれた妻。今どうにか世間に出してもいいような男にしてくれて感謝しています。

我が妻、篤子さん、ありがとう‼

Thank you to ATSUKO!

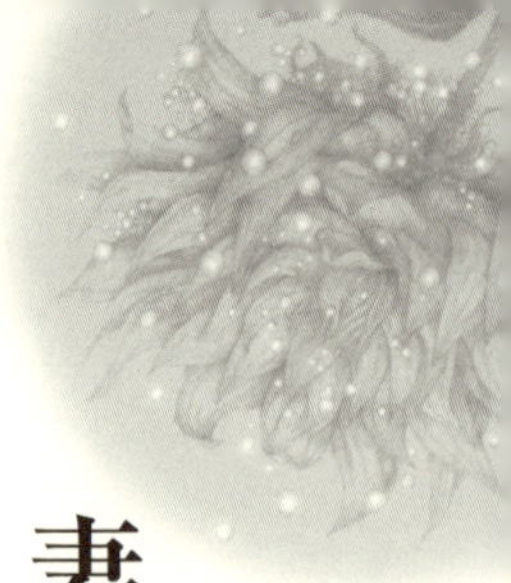

妻に対する感謝

元科学警察研究所　交通科学 部長　西田　泰

仕事をすることが、仕事で評価されることが、最優先の時代を生きた者にとって、仕事をする夫を支えることは妻として当然の義務であり、そのような義務に対して感謝することは不要と考えていたのは私だけであろうか。

しかし、最近の夫の家事への貢献度をみると、イクメンという言葉も生まれる等、我々が子育てをしてきた時代とは大きく変わった。新しい時代の考え方で昔を振り返ると妻に感謝すべきことも多く、その感謝を言葉で表現すべきであったと気づくことも多い。

当然の感謝

四年制の大学で法律を学び、マスコミの就職試験も受けていた彼女は、今であればキャリアーウーマンの道を突き進んでいたであろう。そんな彼女と就職した年に見合い結婚し、早々と子供を授かったことは、私にとっては、描いていた人生の設計図通りのことであった。大学教授という目標は達成できなかったが、研究機関で興味も遣り甲斐もある仕事に専念できたことには、妻の貢献は大きかった。

お互い贅沢な生活を志向しなかったこともあり、今日までに経済的問題を経験することなく過ごせたのは、妻が専業主婦に徹し多くはない収入を管理してくれたためであった。経済的問題だけでなく家事、特に子供の躾や教育についても、私は妻に任せっきりであった。

職業人としての通過点であった地方勤務の後、子供の進学時期を考えて家族を地方に残し、私は二年間東京で単身赴任することにした。高校進学を控えた長男と多感になりつつあった長女を、父親抜きで育てることは多くの主婦もしていることであるが、この時期、私の実父が死亡したことで実家の土地に絡んで民事裁判と調停に関わることとなり、私は仕事とは次元の異なるところで悩まされることとなったが、妻はここでも様々な形で支援してくれた。

財産管理や子供の教育等の家事、実家の問題に絡む作業は妻に期待されるものであり、昔であれば感謝の対象とすべきか否かと悩むかもしれないが、現在であれば感謝の対象とすることは当然のことである。そして、私も遅ればせながら、二十年位前から過去の分を含めて事あるごとに言葉にも出して感謝して来た。しかし、今回改めて妻に対する感謝を考えた時に、感謝すべきことがまだあることに気付いた。

決断への感謝

一般的に夫に対する妻の貢献、支えには、家事等の実務、実践的及び精神的なものがある。地方勤務に続く東京での二年間の単身赴任の後、長男の進学先を東京とするか地方にするかを夫婦で相談した。一度は地方を選び引き続き単身赴任を続けることを夫婦で決めた翌日、彼女は私に相談なしに家族四人で東京で暮らす決断をした。

人は選択に際して様々な態度をとる。そして、選択の結果に自信が持てない時、人は安易な選択をする。私は、単身赴任することで仕事に専念できると安易に考えていたのかもしれない。しかし、家族四人で暮らすことの重要性を認識していなかった私には決断できなかったが、妻は決断した。当事者である長男もそれに従った。

十五年以上の結婚生活の中での、彼女なりの自信あるいは確信がそうさせたのかもしれない。今思うと、この決断がその後の我々の人生を、様々な点で実りあるものにした。私は、妻のこの決断に感謝したい。

精神的支えへの感謝

仕事に関してはかなり頑張ってきたし、その成果についても自信を持つようになったが、齢をとるにつれ他人の評価が気になり出し五十歳を過ぎると仕事で悩むことも出てきた。そして、仕事に対する自信も揺らぎ始めていた。

そんな時、一番ありがたかったのは、上司や部下の言葉ではなく、妻の「私はパパの味方」という言葉であった。私が求めていたのは「良いか、悪いか」ではなく、自分なりの生き方や考え方を持ち続けることへのサポートであった。仕事を通しての関係者の間では〝事の可否や適否〟が重要かもしれないが、一方が死ぬまで続く関係者間にとっては、お互いがどのように相手を支えるかが大切であり、妻の言葉は最高の支援であった。

この言葉と、日頃の妻の貢献で後顧の憂いが無くなった私は、また仕事に対する自信が生まれ、今もそれが続いている。

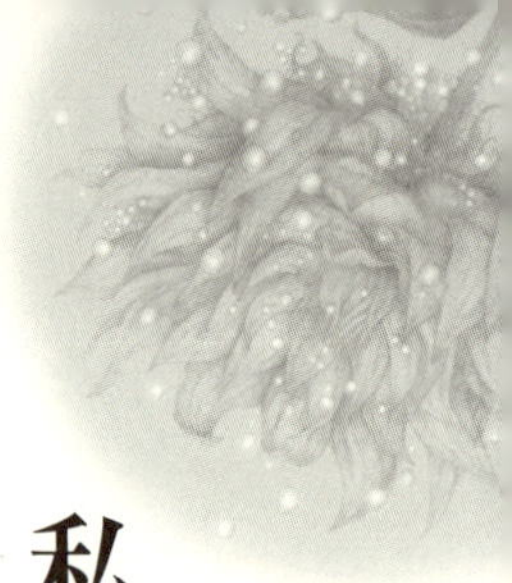

私の自慢の妻

文教区議会議員・プロレスラー　西村　修

私の妻は、私よりも十七歳も下。若いのにもかかわらず、よくここまで本当に我慢してくれたと思う。振り返るとそもそも、お互いに知り合ったのは二〇〇七年の十二月。私は、全日本プロレスに移籍したばかりの最初の巡業である世界最強タッグリーグ戦で全日本プロレスの重鎮である渕正信選手とタッグを組み、広島大会にて小島聡、諏訪間組と対戦。小島選手の凶器攻撃で軽く額を出血。試合後には、絆創膏を貼り全日本の武藤社長と共に広島市内で開かれた亀井静香後援会の方々との食事会に参加。その会に別口で招かれていて、たまたま会の後半にトイレに行くタイミングが一緒であり、社交辞令的にファンでもないのに私に彼女はサインを求めてきた。私はその場ですっかり一目惚れをしてしまい、彼女の差し出す色紙の裏に私の携帯番号を書いて渡してしまったのである。

そしてその番号に折り返しの電話があったのは、それから一年半後の二〇〇九年。最初は、誰かファンが用意した差し水かと思うくらい、怪しさ満点。私は全く彼女と会った記憶がない。まあ、とりあえず会ってみようという事になり都内で再会。時間と共に一年半前の会食での記憶は完全によみがえり、それから飲み仲間として交友関係がスタートした。彼女は、島根県出身で就職先が都内のアパレル店。憧れの東京に出てきたものの友人も多くはおらず、ずいぶん前にあったけれどあの人何しているのだろうか程度で勇気を振り絞り、私に連絡をしてみたらしい。

十七歳年齢が違うと何もかも感覚が違う。一緒にドライブをしても、車内のミュージックに関して、私は長年の海外在住のせいで、聞く音楽は八〇年代や九〇年代の洋楽。彼女は、流行の邦楽。趣味も、ファッションセンスも、ギャグのセンスまでも一八〇度ちがう。しかし逆にそれが互いに興味深々となっていく。時は流れ、ついに一緒に住むこととなり目黒区内から、私の実家近くの文京区にマンションを借りて同居をスタート。私の両親も、まるで自分に娘ができたかのように、仲が良くなり、私がいなくとも彼女だけ実家に招かれ食事をいただいたり、母とは日帰りで旅行を楽しんだりする間柄になり、家族が仲良くなることを一番希望していた私にはとてもありがたかった。九八年に癌を患った私は、プロレスへの復帰をあきらめることはできず、いかなる化学療法も拒否し、徹底した食の改善で克服をし、以後長年にかけて食育活動を展開。特に現代の子供達の多くの病を治す一番の改善の策とし、六十九年前に米国によってここまでアメリカ型食生活に変えさせられた日本人の食を、原点に戻し、伝統食にもう一度逆戻ししなければならないという思う一心で活動をしてきた。

二〇一〇年に入り、私は政治の世界への進路をついに決断。アメリカや大企業の利益最優先で考えることではなく、食の改善こそが日本を守り、食を守り、病人を減らし医療費の削減に繋がる重要な課題であるとの思いを考えてくださった亀井静香先生を私は支持し、国民新党に入党。その年の参議院全国比例選挙に党の公認を受け、出馬することとなった。「食生活の正食化」をメインの政策とし全国を行脚。残念ながら落選するも、国レベルからの改善ではなく、まずは自分の生まれた町から変えていくべきであるとの思いから、

翌二〇一一年国民新党公認を受け文京区議会議員選挙に出馬。まだ籍を入れる前の彼女とまさに二人三脚で選挙活動に入ることとなった。毎朝六時二十分から始まる近所の公園での早朝のラジオ体操、自宅のエリアの最寄り駅での駅頭、平均毎日四〇〇

件程度の日中の戸別訪問、夕方の駅頭、夜の地域の会合や後援会の集会。靴を何足もボロボロにしながら一緒に町を歩いた。当時二十三歳であった彼女は、おしゃれもしたかっただろうし、髪形も、メイクも、ネイルも、アクセサリーもしたかっただろうし、友達とワイワイ日が暮れるまで遊びたかっただろうし、いろんなところに旅行もしたかっただろう。人生でこんなにまでしたことないくらい、町中の人みんなに頭を下げて歩き、爽やかな笑顔で接し、魂を込めて街宣車から私の名前を連呼して歩き本当によく動いてくれた。二人で精一杯歩き回った思いが届き、見事に上位当選で当選をすることができました。当選した同じ年の二〇一一年に籍を入れて晴れてゴールインし、現在に至ります。人間には様々な、また天井知らずの満たされることを知らない欲望というものがあるのだと思います。

「先憂後楽」政治を目指す者は、己の欲望よりも、いかに町の人を幸せにするかを常に最優先に考えねばなりません。出来て当たり前、悪い噂はマッハの速度で町中に広まる。妻と出会った頃の私のプロレスだけで生きてきた派手な人生とは、まったく違い、本当に不自由ばかりの人生に突入しても文句ひとつ言わずここまでついてきてくれた妻に、心からありがとうと言いたい。

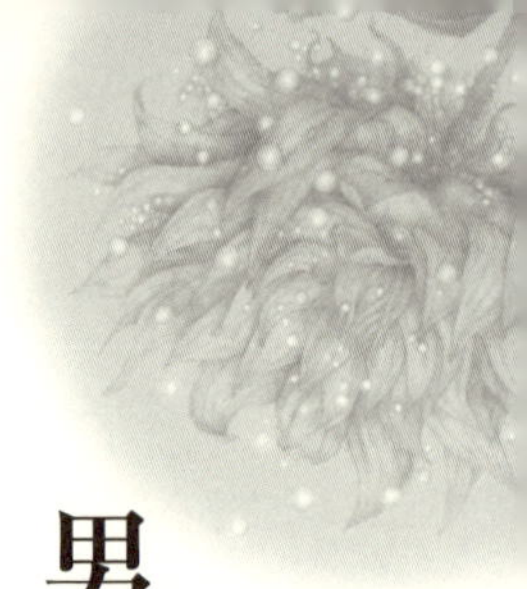

男冥利につきる結婚生活

株式会社 東急文化村 代表取締役副会長
西村 友伸

私は三十一歳の時、家内に初めて会った。

私にとって、三十二回目の見合いだったと思うが、会ったその日に結婚しようと決心した。もともと、三歩下がって歩く控えめな女性を求めていたが、母親がまさに控えめな気配りの人で、この人の娘となら幸せになれると確信した。

一方、家内は見合い写真に母親が一緒に写っていることが気に入らず、断ろうとしたらしいが、仲介者が私のことを褒めたのでやむを得ず会って断ろうと考えていたようだ。最初の食事も平凡な和食の店のお弁当で、こんな吝嗇な人は駄目だと思ったようである。しかし、母親に強く勧められもう一度会い、私からの結婚申し込みは今でも覚えがないと言っているが、母親の説得で結婚を承諾した。

今の世の中では、いくら母親から言われても気に入らない男性と結婚する人はいないが、家内の実家では親の言うことを良く聞いたようである。

家内はそれまで勤めていたので料理は経験がなく、慌てて習いに行きだしたがさすがにすぐには習得できず、新婚当時は支度に手間取り火傷を時々作っていた記憶がある。それでも、毎朝靴下を履かせてもらい、財布には常に一定額の現金を入れてもらった。男は外で恥をかかないようにという母親の指導だったようだ。

両親は大のゴルフ好きで、家内も当時では珍しく大学のゴルフ部出身であった。そのため、結婚前から四人でゴルフに行くことがあったので、家庭の雰囲気には慣れやすかった。父親は強気なオーナー経営者でワンマンだったが、とても家族思いで、度々一緒に旅行に連れて行ってもらった。誕生日などの記念日を皆でお祝いすることも大事にしていたが、私の実家では父親が仕事で忙しく、旅行や食事を一緒にすることがほとんどなかったので、お祝いのカードを贈ることに戸惑いがあった。


そのような家庭環境の違いこそあったが、結婚生活が快適だったのは一にも二にも家内が私のすることに干渉しなかったからである。結婚当初は経理で決算業務など残業が多く、土日も出勤することがあったので、子育て中で疲れの溜まったいらいらから喧嘩することもあったが、子供が大きくなってからは、どんなに毎晩飲んだり、仕事で遅くなっても文句を言わなくなった。

私は東急電鉄で管理部門を中心に三十四年、勤務したが、二〇〇三年に東急エージェンシーに出向してからは十一年間広告業界に身を置き、今年の四月から現職の東急文化村で勤務している。周囲からは、最後に文化事業に携わるとは何という果報者だと言われている。昔から、上司にゴマをするのが得意ではなく、課長になった頃から自分の判断で仕事を進めてきた。そのため、可愛げがないのか上司と折り合いが悪くなることが何回かあった。特に、必要以上にトップに近づかずに距離を置いて誤解を受けたことがあり、家内からはかえっておかしいと意見されていた。それでも自分の信念に基づいて正しいことをやっていれば理解されるはずだ、と意に介さなかった。そのために浮き沈みのある人生を送ってきたが、一切文句を言わなかった家内には頭が上がらないし、本当に感謝している。

家内は十数年前からフラダンスを習い始め、今ではカルチャースクールの講師も務めている。かなりの恥ずかしがり屋で、自宅で練習する姿を私に絶対に見せなかった。昨年亡くなった父親は闘病生活が長かったが、一度小康状態の時に、お見舞いのお礼に感謝の集いを開くことになった。その時に、孫娘三人はバイオリンを演奏することになり、家内も一大決心で父親のためにフラダンスを踊った。

私も自分が踊るかのようにドキドキしたが、心を籠めて踊ったのが伝わったのか、アットホームで素晴らしい会だったと出席された方々にとても喜んでいただいた。

若い社員と飲んだり、外部の付き合いが多いため平日は家で食事することが少ないが、たまに家で食事する時、魚を焼いても焦げすぎていない出来の良い方を、朝のハムエッグも美味しそうな方を私に出すなど常に夫をたてる。しかも、料理のセンスが良いとみえ、何を作っても美味しいし、きれいに盛り付ける。まさに、会った日に母親を見て直観した結婚生活が今でも続いている。

私は外面が良くしばしば紳士だと言われているが、気が短いところがあり、声を荒げることもあるので家内の方が私ほど満足しているのか分からない。毎朝キスをして出かけるが、家内が喜んでいるのか不明である。しかし、この先もずっと面倒を見てもらえるようにこの感謝の一文で贖罪としたい。

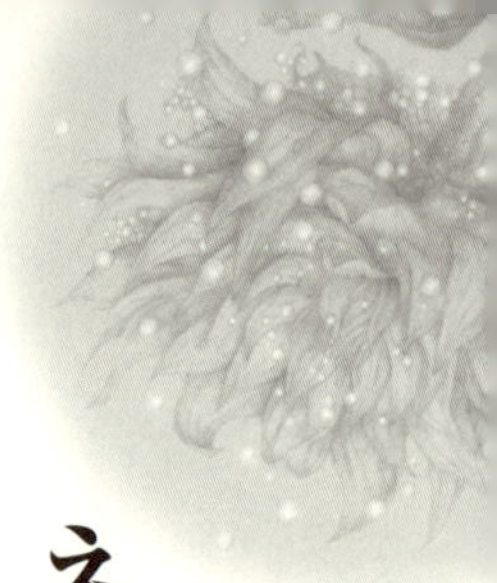

ネタモト・タカコ

テレビ朝日「ワイド!スクランブル」キャスター　橋本 大二郎

妻の名は孝子、フルネームなら「ハシモト・タカコ」だ。

妻と出会ったのは福岡・博多だった、NHKの新人記者として福岡に赴任して4年余り、独身寮の四畳半一間の暮らしにもいささか寂しさを感じ始めていた頃、同じ福岡放送局で、受付や電話交換の仕事をしていた妻が、新しいマンションを購入して引っ越すことになった。

僕より四つ年上の彼女は、若くして亡くなった前夫との間にもうけた、二人の男の子を育てていたが、姉御肌で若い職員にも人気があったため、みんなで引っ越しの手伝いをしようということになって、力仕事には自信のない僕にも声がかかった。それが師走に近い時期だったため、忘年会とあわせて引っ越しの打ち上げをすることになったのだが、一度決めていた日取りが何かの都合で変更になったのに、そのことが僕には伝えられていなかった。

そのため、一人で彼女の新居を訪ねたのがことの始まりで、その日は、おにぎりと残りのおかずをいただいて失礼したが、それ以来、夕食をご馳走になるために何度か彼女の家に通うようになった。

やがてその年の大晦日を迎え、子供たちが寝た後に、二人してこたつに入って紅白歌合戦を見ていたのだが、そのうち独身寮に帰る機会を失って、そのままマンションの部屋に居続けることになった。

少し余談になるが、どうしてそんなことが出来たのかと言えば、その理由はポケットベルの登場だった。というのも、それまでは、電話で呼び出す以外には記者に連絡を取る手段がなかったので、事件や事故でいつ呼び出されるかわからない駆け出しの記者は、昼夜を問わず居場所を知らせておかなくてはならなかった。ところが、ポケットベルが出来て、どこにいても連絡がつくようになったため、夜も独身寮を空けることが可能になったのだ。わが夫婦の結婚は、通信機器の発展が人生の行方をも変えていくことを、立証したようなものだった。

話を元に戻すと、二人の仲は、やがてＮＨＫの局内に、噂のネタをふりまくことになった。それから半年後、通常の転勤の時期よりも二か月も前に、ただ一人大阪に転勤になったが、人を慕う気持ちはその程度のことでなえることはない。紆余曲折はあったものの、その年の暮れに、岡山県総社市にある父祖の菩提寺で結婚式を挙げた。

その後のわが身は、ＮＨＫの記者から高知県の知事、さらには、前期高齢者に足を踏み入れてからのキャスター就任と、想像もしなかったような転身をとげたが、妻はその都度、陰になり日向になって僕を支えてくれた。その妻は今では、二人で立ち上げた小さな会社の取締役だが、その大切な仕事の一つが、僕の講演に欠かせない、出だしの「つかみ」のネタの提供だ。

芸人が観客を引きつけるために、始めに繰り出すジョークを「つかみ」と言うが、講演会でも、聴衆の気持ちを和ますための「つかみ」は大切だ。従来は、高知県の知事選挙に出るために、ＮＨＫを辞めた時のエピソードを使っていたのだが、同じ話を繰り返していると、話している本人も飽きてくる。そんな時、何とも新鮮なネタを提供してくれるのが妻なのだ。

高知から東京に戻ってまだ間もない頃のことだが、渋谷からバスに乗ろうとすると妻が、「駄目よこのバス、ノンストップだから止まらないわよ」と言う。「ええ～、ノンストップ?」と怪訝に思って車体を見上げると、そこには「ノンステップバス」と書いてある。そこで、「おいおい、ノンストップじゃなくてノンステップだよ、第一、ノンストップで走ったらバスにならないだろう」と笑ったものの、内心では、「このネタいただき」とささやいていた。

スポーツ関連のイベントに、スポンサーとして名を連ねることが多い、清涼飲料の「レッドブル」をめぐっても、楽しいやり取りがあった。

「レッドブルって、赤と青という意味?」と言う妻に、「ブルーじゃなくてブルだよ」と答えると、「ブルってなんだっけ?」と聞いてくる。そこで、「牛のことだよ」と答えると、「えっ、虫?」と聞き返すので、「虫じゃない、牛だよ、赤い虫なんて名前じゃ誰も飲まないだろ」とあきれながら、これも使えそうだとすぐにメモをした。

その後のヒット作は、ローリングストーンズの東京公演の時のことで、知人から電話で、公演へのお誘いを受けた妻は、最初「東京ドームで肉ジャガ」と聞いたらしい。正解は、「東京ドームでミックジャガー」だが、このネタも、かなりの場所で何回も使わせてもらった。

福岡での出会いの時からすでに四十年余りが過ぎたが、今や妻は、わが社の取締役として、僕のマネージャー役はもとより、つかみネタの開拓の分野でも、多大な貢献をしてくれている。

そんなわけで、妻「ハシモト・タカコ」は、「ネタモト・タカコ」としても大活躍中だ。

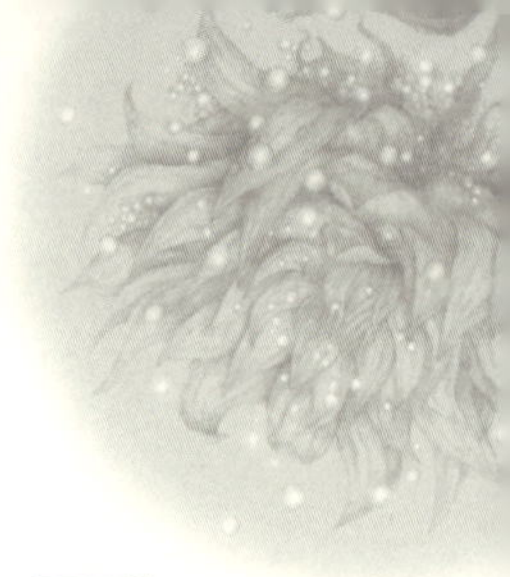

「ありがとう。我が女房」

セレンディピタススペース　代表　長谷川　吉孝

「女房」と聞いてすぐに浮かんでくるのは着物姿の女性が自宅で家事をしている情景です。着物姿というところが昭和の人間で古臭いなと感じてしまいます。

結婚してから今まで女房という言葉で呼んだことは一度もありません。いつもは名前で呼んでいますし、人前で話すときは嫁とか妻と呼んでいます。

結婚してから、人生がとても安定してきたように思っています。精神的にもそうですし、金銭的にもそうです。肉体的には正直、逆に負担になっているかもしれないです（笑）。

二年二か月という月日を共に過ごしてきましたが、様々な出来事があったように思います。それまでは仕事ばかりで淡々と月日が流れてそんなに大きな出来事もなかったように感じていますから。

この二年二か月を振り返ってみるとまず始めに大きな出来事は妻が退職したことです。それまでSEで四年弱頑張ってきましたが、体調を崩すまで勤務していたので、妻の意志を尊重して退職して転職することに同意しました。そこから三か月くらい転職活動をしていましたが、その間に今度は自分が香港、マカオにいる時に肺気胸になってしまい、航空機に乗ってはいけなかったのですが知らずに乗って帰ってきて苦しくて死にそうになり、帰国早々、入院する事態になってしまいました。

生れて初めての入院だったのでどうしたらよいのか全くわからなかったのですが、妻が毎日、来てくれて傍にいてくれたことにとても感謝しています。結局、自然治癒することはなかったので手術する羽目になってしまいましたが、無事に二週間で退院することができました。

これは転職活動中で逆によかったなと思っています。なぜかというと仕事をしていたら、毎日は来られなかっただろうなと思うからです。自宅療養中も転職活動中で大変だったと思いますが、自分の世話をしてくれてなんとか入院から一カ月で職場復帰することができました。これが自分の転機になったと思っています。その後、妻は無事に上場企業に転職することができ、一安心することができました。

一年が経ち、今度はタイに旅行に行ったときの事です。初めて二人で東南アジアの旅行ということでテンションも上がっていました。一日目、二日目は無事に過ごすことができ、三日目にラン島というところに行った際に食あたりを起こしてしまい、嘔吐と下痢でホテルで寝込んでしまいました。ここでも妻につきっきりで看病してもらい、治らなかったのでタイの病院に行ったのですが、ここでも付き添ってもらい、なんとか薬をもらうことができ、病状はよくなりました。

もし一人で海外で病気になったらすごく大変だったなと思っています。ここでも妻に看病してもらい、せっかくのタイの旅行を台無しにしてしまい、申し訳ない気持ちでいっぱいです。無事に帰ってくることができ、その後、一三年勤めた会社を退職して起業しようと決断しました。

ここでも妻は最初、猛反対をしていましたが、何度も話し合い、最後は理解してくれました。妻は現実的で会社で細々と生きていければそれでいいと考えていたのですが、自分は一度限りの人生なのでやりたいことをチャレンジしたいと思っていましたので諦めず、何度も説得しました。今では自分の事業を応援してくれるまでになりました。

今の自分があるのは妻の理解と支えがあったからだと思っています。妻は自分のやりたいことを我慢して自分を応援してくれているので、少しでも早く事業を軌道にのせて、妻が自由にやりたいことを好きなだけできるような環境にしてあげたいと思っています。これからも二人で悔いのない人生を歩んでいけるようにしていきたいと考えています。まりこへ、いつも自分を支えてくれてありがとう！

ありがとう・・・女房

株式会社スイシン　代表取締役　畑元　浩

「ありがとう」といつも心の中で思っているが、いざ妻に面と向かって言葉にするのは気恥ずかしいことです。文字にするのはなおさら恥ずかしいです。

「妻」は私のことを「旦那さん」と呼び、私も「妻」のことを「孝子さん」と呼んでいます。いつも立てていてくれて「ありがとう」

いつも健康に気遣い、心のこもった料理を作ってくれる。「おいしいものは、外で食べて」と言う事があるが、妻の料理に敵うものはない。

私が起業するまでのサラリーマン時代は、仕事柄長期出張も多かったが、仕事に関しては、休みが少なくても給料が少なくても文句を言うことも無かった。

妻の母は妻が小学生の時に亡くなっており、義父は妻と義妹を再婚もせず一人で育てた頑張り屋のすばらしい人である。

大事な時の一言は、新たな道を指し示す案内板の様でもあります。

結婚して三年目に義父と同居する為にというか、子供の面倒を見て貰うためというか、義父の土地に私が家を建てた。

家と住人は二十七年でずいぶん年を重ねたがいつも家の中が清潔に保たれており、快適さは今も変わることがない。

清潔な住まい、服装、愛情のこもった美味しい食事、不必要なものが無い整った環境は、ストレスを軽減させてくれる。

妻は、私が自分のやりたい仕事のため、娘が生まれて二年足らずで転職した時も、バブル崩壊によって会社を辞めなければならなかった時も、弱音を吐くことが無かった。

バブル崩壊後しばらくして会社を辞めてしばらくの間は、精神的に落ち込んだ時期もありましたが、「家族で生活できれば良いからあんまり頑張らないで」と言う一言で、自分の心に変化が生まれました。

ただ、起業してからは心配と苦労のかけっぱなしのようです。前を向いて走り出すと周りが見えなくなるような私を常に気遣い、周囲の方々に迷惑のかからないように気遣っていてくれています。

仕事柄、お客様の工場内での工事が多く、毎日家を出る時間が不規則ですが、どんなに早くても朝ごはんを準備してくれていますし、夜遅くても待っていてくれています。

結婚して二十八年、夫婦喧嘩も時には有りましたが、一度も顔を見たくないと思ったことはありません。

妻と他愛も無い話をしながら飲むお酒は、私の楽しみの一つでもあります。

自分の好きな仕事・遊びを自由にやらせてくれる、妻「女房」に感謝です。

これまで支えてくれて「ありがとう」これからも「どうぞよろしく」。

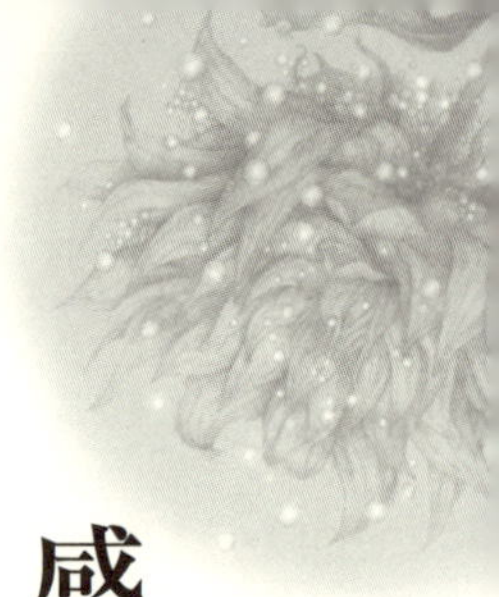

感謝というより尊敬に近い妻への想い

株式会社アスモ　代表取締役　花堂 浩一

人生で最も良かったことは何ですかと言われれば、両親のもとで誕生したことは当然のこととして、間違いなく女房と結婚したことだと言います。私の女房は一九七九年、中国の瀋陽で一卵性双生児の姉としてこの世に誕生しました。一九七九年と言えば、当時の鄧小平首相が社会主義市場経済、いわゆる改革開放路線を提唱した翌年になります。つまり日本でいうところの高度経済成長がスタートしたころの時代背景に重なります。

当時炭鉱会社の中間管理職で働く父親と教職員の母親の元で生まれ厳しく厳格に育てられたようです。幼少の頃は、厳しい生活環境のようでしたが、その後父親は建設資材の会社を起こし、経済成長の中で順風満帆な事業経営をしていたようです。その後お手伝いさんを雇うほど裕福な家庭となり、もの心つく頃からは何不自由なく育てられてきたと言っていいと思います。そんな中、両親の働く姿、特に父親の事業を間近で見る中で税務・会計の必要性を肌で感じ、日本での留学を希望したようです。

中国の大学に三年間在籍したのち、当時既に日本に留学していた弟に続き、二〇〇二年に来日を果たします。日本語学校、簿記学校、四年生大学を経て、立教大学院ビジネスデザイン研究科で二年間学び、現在は私の会社で経理・総務部門を担当しています。

国を離れ、頼る人もほとんどいない中、日本で仕事をし、結婚生活を送ることはさほど楽ではないことは、容易に想像ができます。そんな時女房に対する感謝の想いは、他の男性とは明らかに違うのではないかと思います。感謝というより尊敬に近いものがあるのかもしれません。会合などで帰宅が遅くなることも多いのですが、人目を気にする事もなく、まめに連絡を入れるように習慣付けているのも、寂しく自宅で待つ女房を少しでも安心させたいという思いからです。そのため人からは付き合いが悪い男に映っているかもしれないと思いつつ、なぜ仕事をするのかと原点に立ち返る癖をつけています。基本は家族のためであるということは誰しも同じことだと思います。

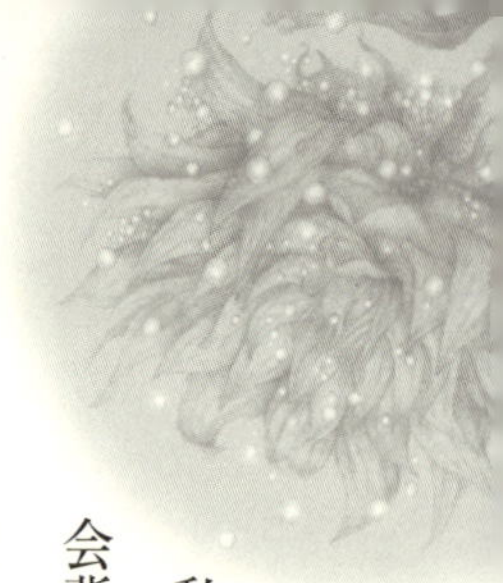

私と女房は十八歳の年の差がありますが、同じように貧しい中から経済成長した社会背景の中で育ったということが、価値観を共有できているのではないかと感じています。朝早くから掃除をし、帰宅後も家事・洗濯をこなし布団に入っても会計事務所などからの会報誌にすべて目を通すなど大変な努力家である一方、私のコートの袖が傷んできたときなど、休日に一日かけて手縫いで修繕してくれるなど、昔の日本女性のような一面も見せてくれます。

会社では、経営を支える重要な業務を担当していますが、新たにできた部門であるため、悪戦苦闘しているようです。しかし会社を良くし、スタッフのために少しでも恥ずかしくない会社にしたいという想いは、経営者の妻だからこそ人一倍強く感じているようです。

大きな夢を抱きつつも、決して盤石とは言えない会社ですが、スタッフに感謝しつつ社会に役立つ会社を作っていきたいと思います。

今後も協力して下さいね。いつもありがとう。

妻の偉大さと優しさ

株式会社ライフワン　代表取締役　**花山　啓太**

私の妻は、一つ年上の気が強い年上妻です。私たち夫婦は、今年で結婚十周年を迎えました。この十年で、二人の子供に恵まれ、自宅も建て、家族ぐるみでお付き合いさせて頂いている家族も多くできました。

ふと立ち止まって今の生活を考えてみると、ごくごく平凡と言えば平凡ですが、平凡だからこそとても幸せな生活が送れているのだなと感じます。それも、公私共々、家族や親族はもちろん、友人、近所のご家族、子供たちの繋がりのご家族、お取引様、お客様、お付き合いいただいている企業や社長などなど、様々な方に支えられ感謝しきれない気持ちでいっぱいです。

しかしながら、やはり一番感謝をする人は、わたしの隣にいる妻です。マイペースでギリギリにならないと焦らない私似の息子、いつも大きな声で気が強い妻似の娘、というとても愛らしい子供を産んでくれたからです。それに加え、もう一つ私の中で大きな出来事で、妻に感謝をしていることがあります。十年の結婚生活の中で、特に印象に残っている妻の一言があります。

それは、結婚生活八年目を迎える直前の頃でした。

その当時、私の仕事は、一定時期に営業成績を達成すれば継続契約、未達成の場合は翌月で契約満了、なおかつ完全歩合の過酷な保険営業の仕事でした。結婚して今まで、私の嫁は、私の仕事の話に一切口を出してきませんでした。私も基本的には仕事の話をしませんでした。この十年で、唯一、前々職のアパレル時代、保険会社への転職、そして起業においては、それ相応の反対はありました。しかしながら、私の覚悟についてきてくれておりました。

保険営業を始め、二年二か月の時。ここまで何度も何度も、修羅場を潜り抜けてきました。決して成績の為に仕事はしない、お願い営業をしたときは保険業界を離れる時だ。「人の役に立つことこそ、わたしの存在意義である」という志のもとにこの保険業界に足を踏み入れたのです。しかし、現実問題、この時「クビ」という言葉が私の背中のすぐそこまで迫ってきていたのです。ついに話す時期が来てしまったので

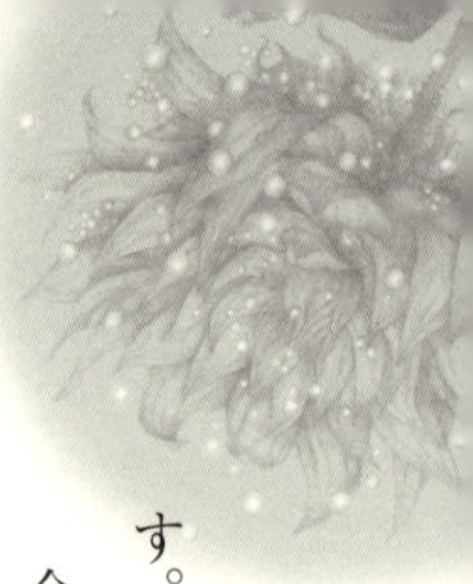

す。

今の環境で仕事をするために必要な成績には現状がほど遠い状態である事、クビとなった際の先行き不透明な状況がある事を、妻に話しました。十年にして初めて妻に自分の仕事のふがいなさをさらけ出しました。緊張を押し殺し、重い口を開いたことを今でも覚えています。

そして妻は私に言いました。「手取二〇万持ってきてくれれば、なんとかするよ」と。どんな仕事であれ、大事なことは、家族のそばにいて、家族みなが元気で幸せな人生を送っていく事でしょ、と言っている気がしました。私が今置かれている状況は、人生にとっては小さい悩み・小さい出来事だと思いました。

妻の一言は、すでに肝が座っていた一言でした。妻は、自分が口にしなくても、既に感じていたのでしょう。私に何も言わなかったのは、私を信じてくれていたのでしょう。その時、私は妻の偉大さと優しさを感じました。夫婦としての絆を感じました。

「こいつと結婚して、よかった」と。

そして、一人で抱えていた重りがストーンと外れました。そうなれば、あとは私の勢いだけでした。結果を出さなければいけない期間は一か月。今となれば、凄まじい勢いでした。怒涛のような、お客様とのアポの件数。一日六~七件のアポが一か月続きました。私は前しか見ていませんでした。そして、常に気持ちも足も走っていました。本当によく走りました。あの時の自分は、苦しい状況を楽しみ、達成した報告を早く妻に伝えたいとばかり考えていました。結果は、言うまでもありません。見事に月末前日に余裕を持ってのクリアとなりました。

やはり人は、一人で生きていけない。いや、一人で生きていく生き物でないと思いました。

「あゆみ、ありがとう。そして、必ず幸せにするね。」

最近では、子供がちょっと面白おかしいことをやっていると、嫁となにしてるんだろうね?と、無言でお互いを見る事があります。言葉でなくて、目が合うだけで夫婦の会話をしている感じです。あの妻の言葉が、家族を幸せにしているのです。

ともによい未来をつくっていこうね！

株式会社ＴＬＪ　代表取締役　**樋口　和秀**

弊社はこの九月でようやく三期目を無事に終了し、四期目を迎えるばかりのスタートアップ企業です。夢は大きく理想は高く、会社を成長させていこうとガッツと体力で日々現場で仕事をさせて頂いています。ですから、私自身もまだ経営者というよりは営業マンと言っても過言ではない素人経営者です。日々勉強中で、諸先輩経営者の方々のように振り返る余裕や華々しい業績はまだまだございません。だからこそ一緒に戦ってくれている妻に感謝を捧げたいと思いました。

　私は東京生まれの四十一歳で会社経営者の長男として生まれました。将来は両親の経営する会社を継承すること以外小さいころから考えておらず、その目標を実現すべく、大学卒業後仕入先メーカーの大阪本社に新入社員として入社致しました。

　妻とは入社数か月後に知り合いました。当時同期入社も東京勤務の者が大半で親戚や知人も少ない私をかわいそうに思った先輩が会社の飲み会に誘ってくれ、そこで出会ったのがきっかけです。はじめの印象としてはとにかく明るく、天真爛漫で楽しい子だなあと思いました。仕事で嫌なことがあると配属先も違いましたが、何か用事をつくっては妻に励ましてもらっていたことを思い出します。

その後結婚し男児二子を無事に出産、今年で結婚十四周年を迎え家庭生活は良好といいたいところですが、妻にとってはいつも嵐の中、変化の中にいるのかもしれません。結婚後東京配属となったため、兵庫県出身で東京暮らしをしたことがない妻はまずは東京の環境に慣れなければならなくなりました。その後両親の経営する会社を仕入先に売却することも決まり、私が会社を引き継ぐ可能性はなくなってしまいました。

その結果私自身自分も生き方や働き方を模索することになりました。会社経営の良さも大変さも小さいときからみており、私は自分が本当に今後独立すべきか、独立するのであればどの業種で独立すればよいのかが分からなくなりました。こうした方がよいのではと思っては新しい業界に飛び込むために転職をしましたし、大学院にも二度進学しました。自分探しに必死で家庭生活や子育てには全くといっていいほど関わっていないのですから、普通であれば文句もたくさんあるでしょうが、この間妻は私に同意してくれ、いつも明るく一緒に歩んできてくれました。

その妻が昨年病気になりました。病名は乳がんです。定期健診で右胸にしこりが見つかり検査をしたところ、がんだと分かりました。私は会社経営三年目でようやく会社として少しだけ軌道に乗りかかった時期であり、また大学院生でもあった私は公私ともに忙しくしていた矢先の出来事でした。妻は三〇代で日頃から元気で定期的健診も行っていたのでまさかという気持ちでしたし、なぜ妻にという気持ちでした。

幸い初期段階で、また医師のおかげもあり現在は健康に日常生活を送っていますが、病気の進行がどの程度かわからなかった時期は非常に不安で仕事も勉強も何も手につかず、すこしでも良い治療を受けるために色々な方々を訪問したり、病気平癒祈願で神社に毎日のように参拝させていただきました。

失いかけてはじめて気が付いたと申しますか、日頃妻がしてくれている家事、育児、は当たり前ではなく、有難いことであるということを気付かれましたし、妻の明るさに支えられてきたからこそ自分のやりたいことをこれまでやれて来られたのだと振り返ることができました。

会社も私自身もまだまだ発展途上、子供たちも成長段階で、引き続きご迷惑やご心配をおかけすると思いますが、その持前の明るさで僕や家族を支えてくださいね。感謝しています。有難う。

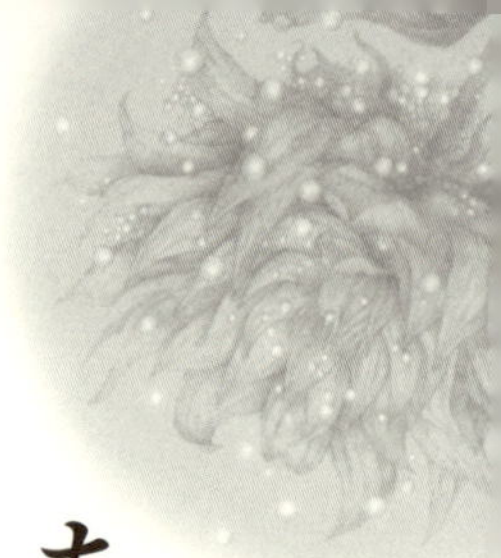

ありがとう!かみさん

株式会社Sales of Soul 代表取締役 平野 智章

結婚してから、今の会社を起業しました。かみさんは「自分の退職には好きな事をしたら良い」と黙ってついてきてくれました。

以前、投資してくれた方の資金で、十年半副社長として会社を牽引した事はありましたが、自己資金での今回の起業は、なんの保障もありません。

ほんとは、心配しているのだろうと思いますが、口に出して意見を言われた事はありません。信じてくれている分、頑張らねばと自然に気持ちが引き締まります。

自分はどうしても営業という仕事柄、自分の付き合いを優先しがちになってしまいます。週末もなかなか旅行や二人の時間が取れない中、自分の健康や食生活を気づかってくれているかみさんには、本当に感謝しています。

食にＰＯＷＥＲの源があると自分は思っています。かみさんの手料理には、ほんとうに癒されています。かみさんも会社員ですから、忙しく残業で疲れている時も多いと思います。でも料理だけでなく家庭の家事全般をきっちりこなしてくれています。頭が下がります。いま時、珍しい位古風な良い女房ですよね。

独りで生活していたら、家に帰りたいと思わないかもしれないですね。たぶん何軒かはしごして寝るだけに帰宅って感じになっていたと思います。間違いない・・・。

かみさんの手料理は、最高に旨いです（*^_^*）。う～ん、煮物、フレンチ、タイ料理。自分が健康管理でムエタイやキックボクシングに通っているので、リクエストしたら大抵の料理は、作ってくれます。お好み焼きもフワッとふっくら絶品で大好きです。

結婚式は、ハワイで両家の両親と兄弟、友達が何人か来てくれました。楽しかったですし親孝行にもなったので、最高に楽しい思い出の一つです。また、来てくれた方々を招待して、ハワイで皆で楽しく食事をしたいなと話しています。

かみさんは、旅行も好きですから、色んなまだ見ていない土地、過去に訪れた土地を一緒に回りたいですね。自分は、エジプトに行ってみたいのですが、かみさんはモルディブらしいです。確かに海も良いですね！のんびり過ごせる時間を絶対三年

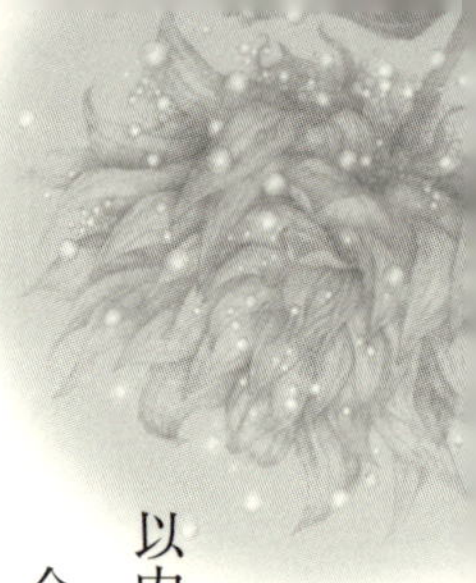

以内に作って連れて行ってあげたいなと思っております。

今の営業組織を安定強化して社員も連れてみんなで頑張った成果を毎年海外表彰で祝うくらいになりたいものです。

まだまだ、やるべき事は多いですが一歩ずつ会社もかみさんとの思い出も大切に築いていきたいなと思っております。

日頃、なかなか「かみさんありがとう」って言う気持ちがあっても口に出して言う事はないですよね。照れくさい半面、言わないと伝わらない事も多いですから、文面で書く機会を頂いた事に感謝しております。

あらためて「ありがとう」かみさん！

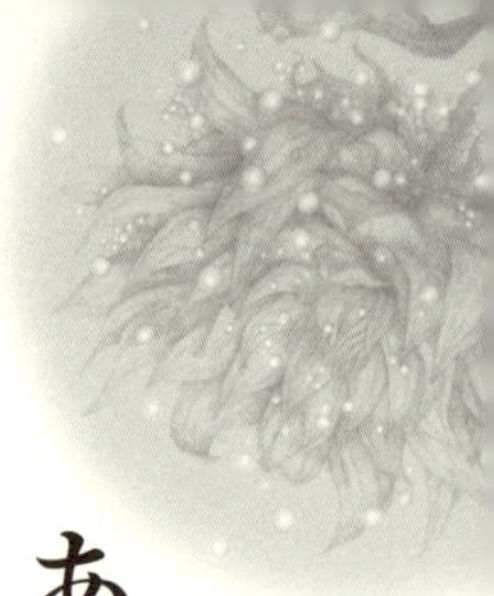

ありがとう、そしてこれからも

八州工業株式会社　代表取締役　平間 誉弘

知り合ったころから数えると、もう二十七年も経った。その頃は、感謝の気持ちや自分の気持ちを言葉で表現していたと思う。

私は、二〇代の後半に原因不明の病気で数か月入院をし、その後も検査で一年以上を棒に振った時期がある。当時彼女にはとても励まされた。社会人ＯＬとして、結婚前の独身で一番楽しい時期に、彼女は毎日仕事帰りにお見舞いに来てくれた。もっと他に色んなことをしたかったのだろうと思う。自分の体が、完全に戻るまで二年近くかかり、気がつけば社会からすっかり遅れをとっていた。

しかし、彼女は待っていてくれた。大学時代はバブル経済で、その恩恵を我々も受けた。復帰後の社会はかつての面影も無く、焦るどころか、将来の希望を描く事すら難しかった。それでも、再度自分の気持ちを奮い立たせてくれたのは、彼女の存在だったと思う。学生のころ、彼女に夢を語ってしまった手前、後には引けなかった。いつか、言葉ではなく、感謝を形で表現できるようにと思った。

そこからは、我武者羅に働き、あっという間に十年位が経過した。家族と過ごす時間も無く、自分には短い期間だったが、彼女には長い期間だったと思う。家族も省みずに来てしまった。当然、感謝の言葉も掛けずに・・・。彼女からは無関心と思われても仕方なかっただろう。

経営者の妻は、世間的に響きもよく、いい生活ができる思われがちだが、実際は安定なんて束の間で、常にリスクで一杯。妻からすれば自分でどうすることもできないだけに、不安も大きいはず。それを、一人の男に掛ける。勇気がいる。一方で上手くコントロールされてきたのかもしれないが・・・。

仕事がある程度順調になってくると、「自分は頑張った!だから、それを理解しろよ」という気持ちがでてきたのかもしれない。最近、こんな風に謙虚に反省することができるようなったが、四十も半ばを過ぎると、昔のように気の利いた言葉も思い浮かばないし、何処か照れ臭い。改まって言おうにも、かえってぎこちなく、いつもと違う自分にかえって不信感を持たれてしまう。これが原因で、下らぬ夫婦喧嘩になることもある。

感謝の気持ちはあるが、どうすれば分かってもらえるのか?上手くいかないこの状況にいらつく。そんな悶々とした日々の中で、この機会を得ることができた。しかし、また恰好いい言葉を探してしまう。ここはシンプルに言いたい、「今まで本当にありがとう。自分の思った事を好きに実行させてくれたことに感謝しています。そして、最高の娘を産んで、育ててくれたことに更に感謝です。気難しい自分だけれど、それに耐えて付き合ってくれるのは君だけです。これからも、ガンガン行きます。どうかよろしくお願いします。」

男が社会でベストパフォーマンスを実現させる最大の秘訣は妻にある。今回改めて痛感しました。この機会が無ければ、何となく同じ日々が過ぎ去っていたかもしれないが、こうして表現することによって、自分の気持ちが確信できた。

「かおり、本当にありがとう。そしてこれからも・・・」

この最高の機会を与えてくれた、友人に感謝です。

一緒にいるだけで楽しい毎日

GREEN DESIGN WORKS 代表 平山 優樹

皆様始めまして、GREEN DESIGN WORKSの平山と申します。この度はこのような機会をいただき誠にありがとうございます。最後までお読みいただけると幸いです。

さて、まず私と妻がどのような人間かを皆様へお話しなければならないと思いますが、私達は共に鹿児島県の屋久島で生まれ育ちました。私は屋久島の南にある安房という町、妻は屋久島の北にある一湊という漁師町が出身となります。

初めての出会いは島に一校しかない屋久島高校、高校一年生の同じクラスでした。

一番最初の印象はこれといったものはありませんでしたが、彼女の明るく皆に好かれる性格と、女性ながらにさばさばとしたところに徐々に惹かれていきました。

高校一年の二学期頃でしょうか、体育館の裏で生まれて初めて告白をしたのは今でも忘れられない淡い思い出です。心拍数が二倍くらいで足はがくがく、本当に緊張で声にならなかったのを覚えております。即答でふられてしまいましたが・・・。

高校卒業後私は就職で上京し、妻は鹿児島市内へ看護師の道へとそれぞれ歩みました。時はたち三〇才の同窓会で再び出会い、お付き合いさせていただくようになり、そのうち彼女に上京してもらい無事結婚へと至ることができました。

それもこれもみんな、友人を初めとする周りの方々にいつも支えていただいたからであると強く思っております。この場をお借りして改めて感謝の気持ちを述べさせていただければと思います。ありがとうございます。

〔妻へ〕

本当にいろいろな事があった六年間でしたね。中でも自分たちで作り上げた結婚式は何事にも代えがたい素晴らしい思い出となりました。そしてあなたのお父さんとお母さんに花嫁姿を見せてあげられた事は本当に幸せな事でした。

その後残念ながら不幸が続いてしまった事は、ほんとに寂しくて悔やまれてなりま

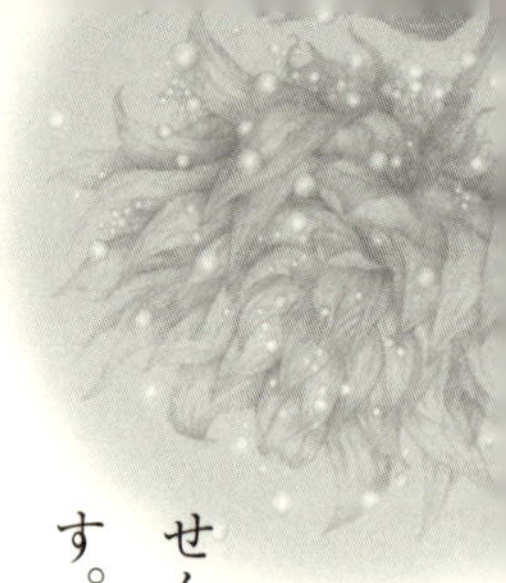

せんが、いつまでもいつまでも二人は私達を見守ってくれていると思うから大丈夫です。今は寂しいけれど、これからも二人でがんばって行きましょう。

いつもおいしいご飯をつくってくれてありがとう、感謝してます。一緒にいるだけで本当に楽しい毎日です。

なかなか旅行にも連れていく事もできず、まだまだ不安定な生活で迷惑をかけてしまっていますが、必ず世の中に必要とされるような経営者となりますので、どうか今まで通り支えていただけると幸いです。これからもどうぞよろしくお願いいたします。

今まで色々な危機を乗り越えながら家庭を支え続けてくれて本当にありがとう。

株式会社センチュリー21・ジャパン　常務取締役　藤井　誠之

私は伊藤忠商事に三十七年間勤務し、一昨年グループ会社であるセンチュリー21・ジャパンに転籍しました。伊藤忠商事ではずっと財務（国際金融）・経理畑を歩みました。家内とは経理部時代同僚として知り合い社内結婚しました。伊藤忠商事ではブラジル語学研修（独身時代）を含めスペイン・メキシコ・インドネシア駐在と合計十七年間を海外で過ごしました。

子供三人に恵まれ一昨年定年を迎え、一見順風満帆に見えますが、苦労の連続で家内に支えられてここまで来た会社人生でした。家内は聡明・活発で元来外で働くのが好きなのですが、私と結婚して子供が生まれてからは会社（伊藤忠商事の後はポルシェの総販売代理店三和自動車の社長秘書を勤めていました）を辞め、家事・子育て・私の父親の世話に専念してくれました。

一九八四年から一九九〇年までスペインに駐在しました。当時スペインは一九九二年のバルセロナオリンピック・セビリア万博・コロンブス新大陸発見五百年祭・EU加盟を控え経済は活祝を呈していました。私は財経・人総担当ディレクターでしたが、開発担当もやり、特に不動産プロジェクトを追いかけ毎日働きづくめでした。

海外駐在では家族同士の付き合いが多い中、「藤井さんの御主人はいつも家に居られないのね」と家内が他の奥様連中から云われ随分悲しい思いをさせたものです。それでも持前の明るさ・活発さで会社関係・子供の友達の家族関係はじめ大使館関係とも付き合いを深め、スペイン生活を身のあるものとし公私共に私を支えてくれました。

しかし一九八七年に次男を出産の為、日本に一時帰国した際、過労で倒れ大量出血してしまい出産も危うい状態でした。家内は血小板の値が低く、出産での出血は大変危険を伴うので出産すべきか随分悩みましたが、結果無事出産することが出来、子供三人と共にスペインに戻って来てくれました。

不動産プロジェクトは第一弾が大成功した為、社内外に認められ（第二弾はその後結果大失敗に終わり会社に迷惑をかけることになるのですが）、私の帰国時には空港で会社・取引先・大使館・家内の友達・子供の友達関係など大勢の人に見送られ、当時スペインで最も活躍した商社マンと云われました。家内に感謝の念で一杯でしたが、無理をした為か帰国後家内は体調を悪くしてしまいました。その後も長い期間にわたり体調悪い中、家庭を支え続けてくれました。

メキシコ駐在時代も大変でした。一九九四年から二〇〇〇年までメキシコに駐在しましたが、最初の二年間は子供の教育・学校の関係で単身赴任で行きました。その間激務と交流関係を広げた為、毎晩深夜帰宅となり食事も不規則な状態が続きすっかり体調を壊してしまいました。医師から規則正しい生活を送る様指示が出て、家内は長男を私の父親に預け、長女・次男と共にメキシコに赴任して来てくれました。お陰で体調も回復しこの時程、家内の有り難みと家族との生活の大切さを感じたことはありませんでした。

メキシコでは任天堂のハード・ソフトを中南米にディストリビューション展開する商権を担当し、中南米全体で自動車商権に次ぐ第二位の商権に仕立て上げることが出来（しかし、攻めの反動もあり、その後ソニーのプレイステーションの中南米参入で逆に大損・撤退する結果となるのですが）、任期を終え帰国しました。

帰国後、災難に見舞われます。二〇〇一年二月、イランの石油開発プロジェクトで、一週間のハードスケジュールでのロンドン出張から帰国後、殆ど寝ずに会社に行き部下の送別会に出て二次会まで付き合い皆と別れた後、睡眠不足と泥酔で深夜十二時半頃、地下鉄のホームから転落してしまいました。電車がその上を通過したのですが、無意識のうちに線路とホームの隙間に身を交わし奇跡的に助かりました。

転落した時のショックで肋骨を六本折り、頭十五針、目尻の下九針縫い、胸に血が大量に溜まり、危うく頸椎をもう一ミリ深く損傷していたら死に至るところでした。持っていたカバンは電車に引かれギザギザに裂かれていました。慶応病院に搬送されたのですが、家内が長男と共に駆けつけてくれ気丈に対応してくれました。一ヶ月半の入院・リハビリと一ヶ月の自宅療養の際、家内は献身的に看病してくれました。

二〇〇一年四月から国際金融畑のトップである財務部プロジェクトファイナンス室長を引き継ぐ予定でしたが、会社には一ヶ月待ってもらい、五月一日から出社し引き継ぎを終え六月一日付けで就任することが出来ました。家内なくしては短期間での復帰はあり得ませんでした。この時が人生最大の危機であったと思います。それ以降家内にはお酒は絶対に飲み過ぎない様にと釘を刺されています。引き続き毎晩心配をかけ通しで本当に申し訳なく思っています。

財務部プロジェクトファイナンス室長を三年間勤めた後、二〇〇四年四月にインドネシアに赴任し、インドネシア会社副社長を二〇〇八年九月まで勤めました。父親と子供三人を家内に託しての単身赴任でした。この時も家内に大変苦労をかけました。二〇〇七年三月に父親が亡くなるまで二世帯住宅で面倒を見てくれました。頑固でプライドが高くわがまま一杯の父でしたが、最後まで病院に見舞ってくれ、父も家内のことを信頼し色々なことを打ち明けていた様です。本当によく尽くしてくれました。

インドネシアより帰任後、名古屋支社財経総務部長・管理部長を経て一昨年よりセンチュリー21・ジャパン常務取締役に就任しておりますが、伊藤忠商事時代と比較すると、少し家庭を省みるゆとりが出てきた様に思います。ただ不動産業界の水は合い、大好きな会社で依然として仕事一途の姿勢は変わっておらず深く反省しているところです。

一昨年長男がよきパートナーを得て結婚し、昨年には初孫も誕生し、長女は会社生活を順調に送っており、そして今年から次男が就職してようやく子育てから解放され楽になりかけた矢先、家内は五月に脳梗塞で緊急入院しました。幸い軽い病状だったのですが、入院中も仕事で余り病院に見舞うことも出来ず辛い思いをさせてしまいました。自宅療養とリハビリに通い続けた結果、今ではほぼ元通りまで回復しました。家内の偉さには頭が下がります。

　私は今まで家内に助けてもらい放しだったのに、私は何も助けてあげられずに来ました。家庭を省みない夫に愛想を尽かさないでいてくれる家内に、ただ感謝の気持ちで一杯です。子供三人を立派に育ってくれた御礼を含めこれからは罪滅ぼしをせねばと心より思っています。今まで本当に有難う。こんな夫ですがこれからもどうぞ宜しくお願いします。

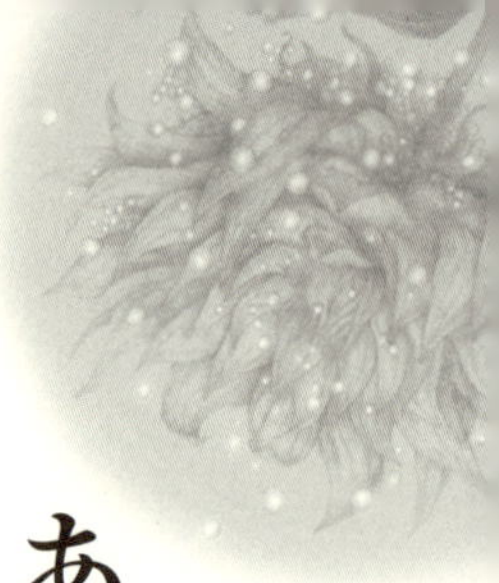

ありがとう女房！

株式会社フジ総合鑑定　代表取締役・不動産鑑定士　**藤宮　浩**

一九九七年五月に結婚して、これまで約十七年経ちました。今の自分があるのは間違いなく、美紀がいつもそばに居てくれ、自分を支えてくれていたおかげです。

思えば約十五年前、仕事に行き詰まりを感じ、将来を見通せずにいた時に、自分の気持ちを察知してか、どこからか不動産鑑定士試験のパンフレットを持って帰ってきてくれ、「思い切って挑戦してみたら！」と背中を押してくれたのが美紀でした。

もう長女未悠もいた状態なので、本来なら、「そんな冒険やめてよ！」と反対する場面かもしれません。美紀には昔から第六感的な不思議な才能があると感じています。

あまり論理的な根拠が無いにもかかわらず、美紀がいける！大丈夫！と思った判断は、不思議に良く当たりますよね！不動産鑑定士へのチャレンジもそんな後押しを得た上での決断に救われたのかなと感じます。

二次試験、三次試験と運良くストレートで合格できたのも、影ながら家庭を支え、勉強に専念させてくれた美紀のおかげです。

その後、吉海先生から、会社を任されてからの数年間も、大変な苦労と不安の連続だったと思います。

良く家族で公園等に出掛けている時も、車には常にスーツとビジネスバックを準備していました。営業から契約に繋がりそうなアポイントが入ると、美紀や子供達を公園や最寄り駅に置き去りにして客先に向かったことも度々ありました。

そんな美紀や家族の支えがあっての、自分とフジ総合グループだと常々思っています。

まだまだ自分は成長余地のある人間だと思っていますし、もっともっと社会に貢献できる存在になれると思います。

人には、「ありがとうの心と言葉に溢れた生活を送るように…」などと偉そうなことを言っていますが、美紀にはきちんと素直に言えていないことは認識しています。

面と向かって言えない本当の気持ちをこの書籍に記させていただきました。

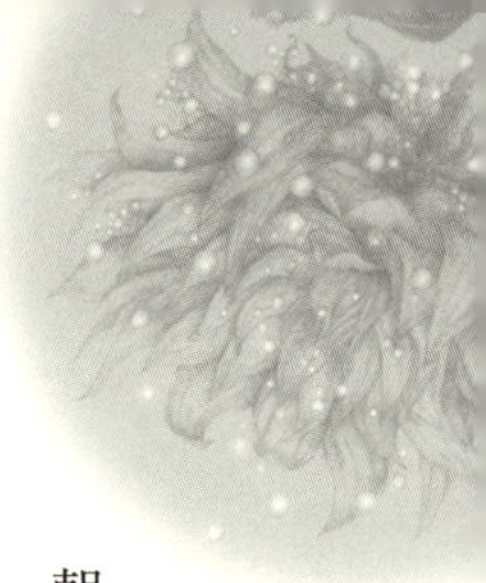

朝、誰よりも早く起きて子供たちのお弁当を作ってくれて、「ありがとう！」

自分が会社に行くとき、優しく手を振ってくれて、「ありがとう！」

家族全員分の洗濯を毎日してくれて、「ありがとう！」

いつもきれいに家を掃除してくれて、「ありがとう！」

毎晩、どんなに遅くなっても夕飯の支度をして待ってくれていて、「ありがとう！」

子供たちに溢れんばかりの愛情を注いでくれて、「ありがとう！」

仕事に専念できるように、いつも陰で支えてくれて、「ありがとう！」

今までも、そしてこれからも本当に、「ありがとう！」

たくさんの子供や孫達に囲まれた、暖かく充実したセカンドライフを、美紀と思う存分満喫できるように、今後とも頑張ります。

これからも、一生、宜しくお願いします。

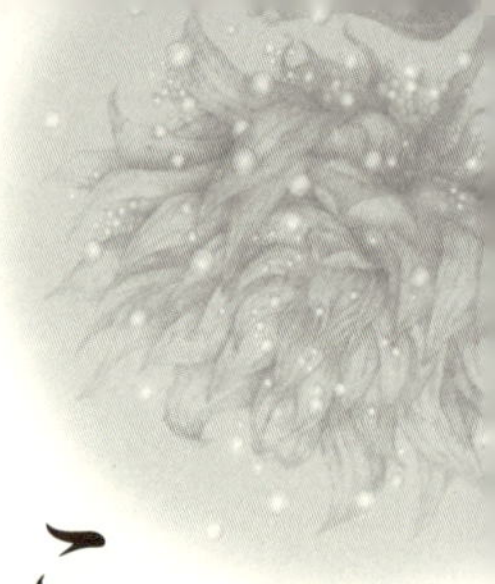

これからもお互い頑張りましょう

ＧＯＯＤ ＥＡＲＴＨ株式会社　代表取締役社長　**藤原 宏宣**

お互い二十四歳で結婚をしてもうすぐ十年が経ちます。
安定した会社を辞め父親の会社へ応援に行った時、
何もわからずに自分で仕事を始めた時、
いきなり北海道へ行くと言い出した時、
中国で仕事が始まった時、
アフリカの危険な地域へ仕事始めた時、
いつも暖かく、そして力強く背中を押してくれてありがとう
一緒に過ごす時間が少なくて、帰って来るたび子供の成長にはいつも驚かされるけども、彼らが僕のことを父親としてしっかりと見つめてくれているのは、あなたがいつもしっかり僕の想いを伝えてくれているからです

もうすぐ四人目が生まれますね。いつの間にか大所帯になりました。子育ては大変と思いますが、新しい家族が増えることを楽しみにしています。

父親も家族と共に成長していく事を結婚して僕は学びました。家族のおかげで、誇りを持ちながら仕事を続ける事が出来ています。

友人からはいつも「良い奥さんをもらった」と褒められますが、たまには自分の事も褒めてほしいと実は思ってます。

これから益々世界へ出る機会が増え、お互い一緒に過ごす時間は少なくなるかもしれませんが、子供達の子育てが落ち着いた時に、僕が辿った世界の軌跡をゆっくりと旅行でもしながら案内しますね。

子供達が生きる未来が明るく楽しい時代になる様に、これからもお互い頑張りましょう。

本当にいつもありがとう。

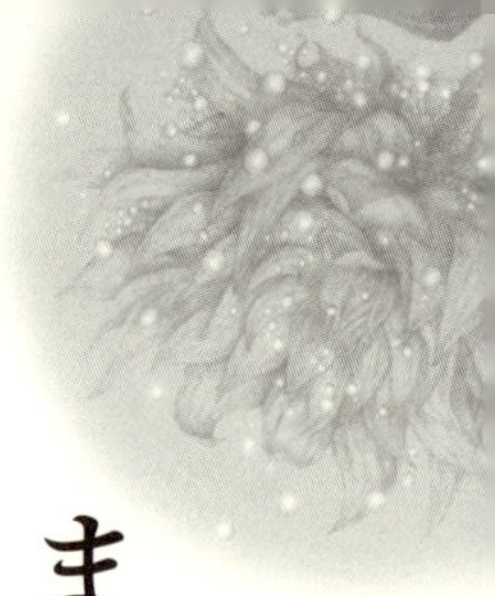

まだまだこれからやで〜！

司法書士法人A．I．グローバル　代表社員　本多　正克

あれは忘れもしません。一九九七年三月二十二日（か二十三日）。ふたりのスタート地点です。翌年の二月二十二日に神父様の前で交わした誓いを想い出し、ここに宣誓します。「病める時も、健やかなる時も、亜希子を愛し、支え、共に歩む事を約束します！」。恋愛、結婚、旅行、出産、夫婦喧嘩。いろんなことがありましたね。

・子供想いな亜希子（留守がちですみません）
・心配性な亜希子（バイク、気をつけます！）
・先祖を大切にしてくれる亜希子（結婚前は墓参り、行った事無かったな）
・オシャレに敏感でブランド好きな亜希子（最近買ってくれへんやないの、って？）
・ミーハーな亜希子（夫婦揃って?!）
・ほどほどにテキトーな亜希子（几帳面なところもあるんやけどな・・・。）

・友達を大切にする亜希子（負けへんで！）
・持ち家を夢見る亜希子（東京、ホンマ高いで！）
・お寿司好きな亜希子（また、食べに行こな！）
・お出掛け好きな亜希子（もっと、色んなところ、行こな！）
・新しいモノ好きな亜希子（モノを大事にしつつ・・・。）
どれもこれも、全て素敵です。まだ十六年、もっと色んなことがあると思うけれど、あなたとの二人三脚、これからが楽しみです。力を抜いて自然体でイイんやで。人生、なるようにしかならないから。
・個人事務所形態から法人形態を取る時。
・仕事の拠点を大阪から東京に移した時。
・ゴルフ場の風呂場で転んで救急搬送された時。
私自身もいろんな事がありました。その時々にいろんな想いがあったと思います。未だ仕事上、「未常識」を突き詰められては無いけれど、実家を継いでいたら出来ない経験・出来ない出会いの連続です。日々、楽しくてしかたがないです。こんな好き勝手にさせてくれてありがとう。いつもいつもありがとう。朝早くから、夜寝るまで。改めてよくやってくれていると思います。私と一緒になってくれてありがとう。

・千香ちゃん、千恵こ、なりとも、えりちゃん、樋口さん、勝俣さん

私共々、仲良くしてくれてありがとう。皆様の御蔭で亜希子は、日々、充実した日々を過ごしております。ストレスが溜まった時のオアシスになってください。これからもずっと、ファミリー共々ご贔屓にお願い致します。

・亜希子のお父様、お母様、お兄様

本当に有難うございます。お年を召されてのお引越しは一大決心だったかと思いますが、子供たちもじぃじ、ばぁば、隆ちゃんが近くに居て喜んでいます。その行動力が素敵です。人生、何が起こるかわかりませんね。「流れに棹差し」て、これからも生きていこうと思います。こんなに素敵な女性に育てていただき、感謝申し上げます。結婚前に挨拶に行った時を思い出しました！

・そして、麦帆（むぎほ）、壱宇（かずたか）、那帆（なほ）

パパとママの子として産まれて来てくれてありがとう。兄弟喧嘩もほどほどにね。子供は、夫婦の宝物であると同時に社会からの預かりものです。然るべき時にリリース出来る様、人の為、世間の為になる様、また過干渉にならない様、厳しく且つ愛情

を注いで育てます。

多くの方に支えられ、日々、過ごしております。人生も折り返し地点を過ぎ、後半戦です。振り返れば我が半生、満足です。これからの結婚生活を実りのあるものにするには、亜希子の存在が不可欠です。現状に甘んじることなく、貪欲に邁進して行きます。あたたかく見守っていてください。お互いを尊重し、掛け替えの無いパートナーとしてよろしくお願いします。手を抜かず、これからも全力投球で熱く情熱的に、一緒に歩んで行こうね！まだまだこれからやで～！

ありがとう女房

株式会社ヴァリュークリエイト　ＣＥＯ
前田　康行

五十八歳で再婚、翌年長男誕生、還暦で一歳半の子育て奮闘中！

離婚後、三十六歳で起業から二〇年余り走り続け、家庭が無かったこともあり、仕事に集中できて来たが、五十歳を過ぎたころ、それまでの無理がたたったのか、体調不良や仕事がうまく行かないなどが重なっていた時期に今の嫁さんと出会った。

当初は結婚するとは夢にも思っていなかった。それまでご多分に漏れず多くの女性と付き合って来たが、私が結婚に向かないと感じるのか（？）ほとんどが一、二年で去った。しかし彼女は「私じじ専なの・・・」の一言から始まった。

「来る者拒まず去るもの追わず」なのだが、数年経ってもなかなか去らない。ふた回り以上離れていたので結婚など思いもしなかった。社会に出てから常に仕事場に近い所に住んで来た私だが、母親が高齢で入院となり、空き家となった実家に住むことにし、都心から離れた生活が始まった、そこで去ると思っていたＯＬの彼女は、何故かそこから都心の会社へ通う生活を始め、そこで結婚することにした。

仕事上のトラブルや騙されるなど不運続きの時期を目の当りしていたのに、何故か離れなかった彼女を信じることができたからだった。

私の人生は最初に起業した会社は順調に一〇年で年商数十億へ成長し、夜な夜な社長同士の付き合いで多くの女性が周りにいたが、会社が不調となると蜘蛛の子を散らすように皆去って行った。そんな経験から女性とは「そうゆうもの」と思ってきたが、彼女は違っていた。

おかげさまで今は、長男が生まれ、積極的に子育てにも関わる生活が始まり、月に一、二度は箱根や熱海など近場に家族旅行、週末も公園で遊ぶなど普通の生活を満喫。家族団らんの「安らぎ・癒し・幸福感」を味わえるとは思ってもいなかったが、今、それを満喫できている。心から「ありがとう女房」と言える日々だ。

最近寄る年波か、働き過ぎかまたまた体調を崩し仕事から離れて休養に入り一年が経つ。最近リハビリの甲斐もあり、体調不良も癒えて来て、仕事復帰の時期が近付いて来ていると言うか、仕事したい思いが募って来ている今日この頃。体調不良は辛

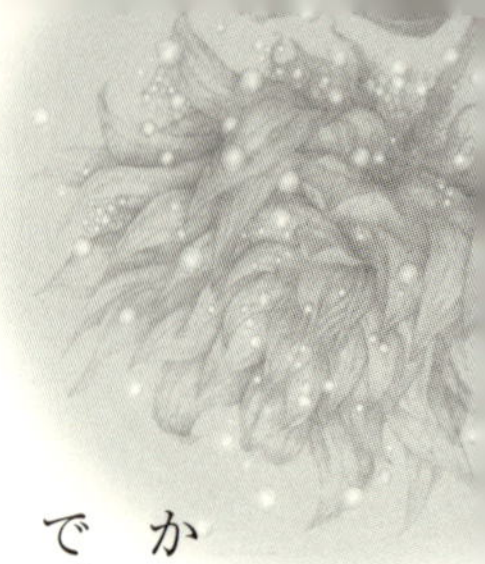

かったけど、その分家族とゆっくり過ごす時間ができ、息子が生まれてから一歳半まで、その成長を楽しむことができた、

すべて万事良しとは行かないもので、人生山あり谷あり幸せあり、もし、彼女に出会わなければ、無理を続け、倒れていたかもしれない。母親が他界した時も、もっと辛かっただろうと思う。家族と楽しく過ごせ、楽しく仕事できれば・・・。「幸せ」は自分がそうか否かを決めるもの。今、女房と一歳半の息子に囲まれ、あと二〇年は頑張って仕事して行こうと思える。

一歩間違えば天涯孤独の余生を味わうことになっていたやも知れない・・・。いくら事業が成功し財産を持っていたとしても今の幸せ感には替えることはできないと思える。それに気づくことができたことは、正に「ありがとう女房」感謝!感謝!これからは「夢実現への案内人」の匠の領域目指して程よいペースで仕事して行こうと思っています。

妻への感謝状

マックスプロジェクト　お笑いプロデューサー　松　稔（松下 信幸）

私はバツイチで、今の妻と知り合いました。妻は二十八才で初婚、私は四十一才。よりによってバツイチ十三才年上のオッサンと結婚してくれるとは思わなかった。何故なら、先妻の子供の仕送りなどでお金も無いし、芸人を辞めてプロデュース業も始めたばかりでした。その上背も低いし、男前でもない。一方妻は看護師をしており二十八才の若さで2LDKのマンションを所有していました。女性にしたら背も高いし美人の部類に入るでしょう。

その妻との経緯は、私が司会していたイベントに参加していたのです。帰りのバスで一人座っていたので話しかけました。「今日は楽しかったですか?」「いいえ!友達も出来なくてつまらなかった。」「そうですか?じゃこんど時間があったら飲みに行きましょう。」とリップサービスのつもりで言ったのですが、暫くして事務所に電話が掛って来た。

池袋で待ち合わせたが、どんな女性か覚えていない。毎回何十人を相手に司会しているので覚えられない。本当に来るのか？どんな人か見当もつかなかった。待っていると向こうから声を掛けてくれたので良かった。看護師は休みが不定期なので友達が出来にくいそうです。私も不定期な仕事なので、彼女の仕事に合わせられるのが良かったのかな。

それから何回かデートして彼女のマンションに行くようになった。お金も無かったので彼女のマンションに間借りさせて貰った。何か月かして両親に会って欲しいと言われた。流石にバツイチ十三才年上では両親も反対するだろうと覚悟して実家の岡山に行った。彼女から自前に経緯を説明していてくれたらしく、両親は「娘が決めた人なら」と歓迎してくれました。心の広い良いお父さんとお母さんでした。

結婚式は二人だけでグアムで挙げました。本当は妻の両親や兄弟、友達を呼んで盛大にやりたかっただろうに、私が二度目でお金が無いことに無理を言わなかったのだと思います。そのお金も、私に恥を掻かさないように、親の手前私が出したようにしてくれた。

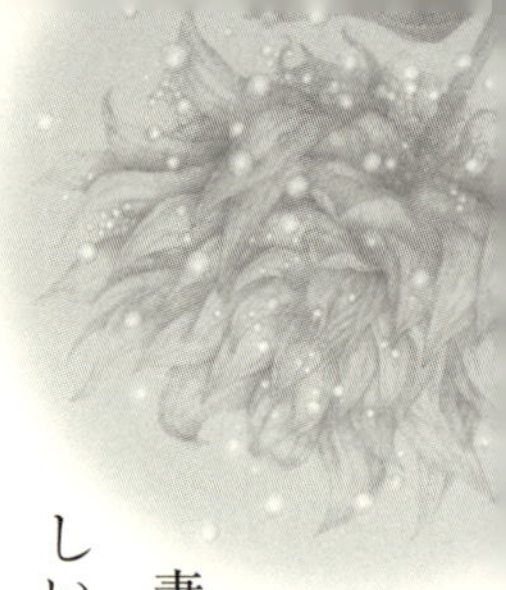

妻は子供の出来にくい体で、八年間子供が出来ませんでした。どうしても子供が欲しいから不妊治療をしたいと言ってきた。それには三十万円掛かる。でも失敗しても三十万。悩んでいたところ運よく妊娠した。最初で最後のチャンスだった。妻は大喜びでした。その娘も今は十二才。元気で一年生から皆勤賞です。

妻と暮らして二十年になります。私の両親と兄弟は、すでに他界して身内は、先妻の子供二人と妻と娘だけです。この家族が無かったら生き甲斐が無かったと思う。妻のお陰で好きな芸能関係の仕事が出来る。昨年還暦を迎えるに当たり「楽しい生前葬Ｐａｒｔｙ」を開催しました。

これは妻や子供に迷惑を掛けないためです。私が逝っても葬式はしないつもりです。葬式は二百万から三百万ほど掛ります。そのお金を生きている間に家族で楽しく使って行こうと考えています。お金は持って死ねないが、思い出は天国まで持って行けます。

思い出作りに毎年家族で旅行をしています。今まで行ったハワイ・グアム・サイパン・プーケット・北海道・沖縄など。国内は暇があれば家族で出掛けます。こんなことも出来るのも妻のお陰です。ここで妻に感謝状を贈りたいと思います。

ワープロしか出来なかった私に「これからは、パソコンの一つも出来なかったら世の中から取り残されるよ！」と使い方を教えてくれた。そのお陰で仕事が出来ている。「有難う！」。

子供が生まれて狭くなったので、新しいマンションに買い替えるとき、妻が看護師だったのでローンが通った。そのお陰で自宅兼事務所として過ごせている。車の買い替えも決めたらすぐに買ってしまう男らしい性格。看護師と云う過酷な仕事をしながらの子育て、家事、学校行事など、無難にこなしている姿に頭が下がります。我が家は妻が大黒柱で、私は中黒柱、娘が小黒柱になっている。毎日笑いのある日々が送れるもの妻のお陰です。ここで世界の言葉で感謝を送ります。

「私と結婚してくれて謝謝（中国語）」

「娘を素直な子供に育ててくれてスパシーバ（ロシア語）」

「毎年家族旅行に連れて行ってくれてメルシー（フランス語）、カムサハムニダ（韓国語）、グラッツエ（イタリア語）、ダンケ（ドイツ語）、オブリガード（ポルトガル語）」

そして最後は大阪弁で、おおきにありがとさん。

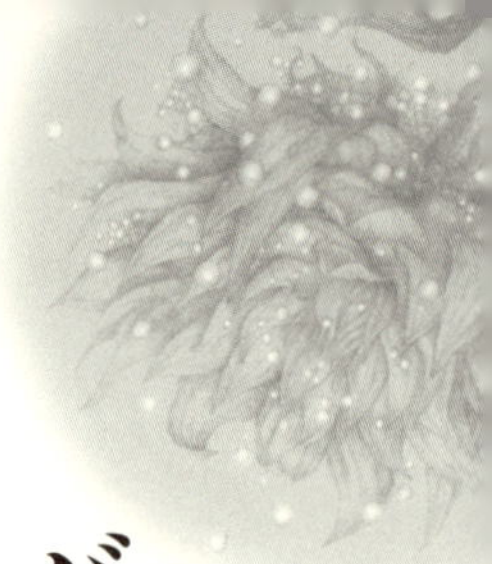

バツイチ夫婦の珍航海記

美術家・株式会社アクエリアス　代表取締役
松田 静心

一九九〇年の暮れに入籍。以来、数年後によもや銀婚式を迎える日が来ようとは、想像すらしていなかった。

鹿児島から県立I高等学校を卒業後、T大学海洋学部を卒業もせず、入学から一年後にはフリーターに転身。静岡県沼津市に数年暮らし、懐かしくもパーラーのウェイターに厨房見習い、深夜電力用ボイラーの点検交換作業、模型店の店員やスーパーの家電販売員など、アルバイトや嘱託を転々としつつ、子供の頃からの夢であった美術家への道を模索しながらどうにか生計を立てていた。

世界初のコンビニエンス・ストアーが午前七時から午後十一時の営業を開始して、世に産声を上げた一九七〇年代後半、日本経済は高度成長期からバブルに向かって走り出していたらしいのだが、こちらは当時三五〇円の餃子定食が贅沢な晩飯だった。

そんな頃、上京後嘱託先で知り合った女性と無謀にも結婚をしたのだった。

川崎での結婚生活を始めた当時は、現在も東京荻窪に本社のあるクラシック・現代音楽系専門のレコード会社に生涯最初で最後の就職をした。

バブル絶頂期の八〇年代半ばから後期、バブル景気など露とも知らず、美術家への道も半ば諦め、何とか結婚生活と会社勤めが板に付きはじめていたそんな矢先、厄介な事に、再び美術家への夢が脳裏を支配しはじめた。三〇歳になる頃、もう一度人生を考えてみると決めていたからか、「お前、絵描きになる夢は捨てられるのか？」「人生に悔いはないのか？」と、内なる声は日増しに強くなっていく・・・。結局、この内なる声には抗えず、離婚と退職を決意しフリーランスで仕事を始めたのだ。

その頃、元同僚が「ＣＤやリサイタルのポスターのデザインの事で相談にのって欲しいピアニストがいるから」と紹介してくれたのが銀婚式を迎える妻なのだ。元同僚の結婚式での初対面以来の再会。式の数年後に誘われて行った渋谷の焼き鳥屋での事。その後それぞれが「バツイチ」となり、打ち合わせを兼ねた食事の度に意気投合し入籍に至るのだが、こちらは独立したばかりで経済的にままならないばかりか、最終学歴は高卒。片や帰国子女かつプロのピアニスト。本人達とは無関係に誹謗中傷僻み妬みに雨霰と晒された。行き先不明の小舟に同乗し、大波小波どころか大荒波の中、いつ沈没してもおかしくないギリギリの生活が続いていた。

それでも仕事には関係ないと拾ってくれた方々のお陰で九〇年代半ば、世の中の夢の様な熱狂が泡と消えた頃、一端にも何とかデザイン・イラスト業で生計が成り立ちはじめていた。互いの仕事が少しずつ軌道に乗りはじめると、彼女は実力通りメジャーデビューを果たし、ＣＤ「お父さんのためのピアノ・レッスン」でレコード大賞企画賞を受賞。ＮＨＫ教育テレビにもレギュラー講師として出演し、瞬く間に時の人となった。そして演奏活動を続けながら音楽教室を開校するに至るのだ。

私自身は美術家としての活動に加え、子供の頃の将来像の中には有り得なかった、会社社長と言うもうひとつの顔を持つことになってしまった。音楽と美術を業務とした「アクエリアス」なる稀有な会社が誕生する事になったのだが・・・。

社長業など爪の先程も念頭になかった訳だから、当然のごとく、起業当初から両立が難しいと、何度もぶつかり合うことになる。譲れないそれぞれの世界があり、共にバツイチである事で開き直る。心で取っ組み合い殴り合う程の喧嘩が尋常ではなく多かった。

それでも「未熟でも鈍足でも成長を続ける事で、必ず見えてくるものがあるはず」、「この先二人はどうなりたいのか、どんな会社にしたいのか」、「事業として社会の役に立てるのか」、「芸術に何が出来るのか」、その都度に互いが本気で取り組みながら、「音楽と美術はまず何よりも互い自身に必要不可欠であり、必ず人の役に立つはずだ。」と互いの理解と信頼を深めつつ、おぼろげながらも渡航地が見えてきた。暴風雨にも遭遇する中、幾度妻の演奏と言葉に救われただろうかと気がつく。

強靭な肉体も精神も持ち合わせてはいない、いつ人生の終焉を迎えても悔いはないと思い続けてきたのだが、「仕事（作品）と会社が二人の子供だ。」と、互いを認め合いリスペクトしつつ、時折一戦交えながらでも、人生の終焉まで辿り着いたら、いかに面白い人生だろうかと思う。

自分の最期を迎える前に「ここはひとつ、妻を看取ってみるか。」と心の中でほくそ笑んでみる。二〇一四年、バツイチ夫婦の珍航海はまだまだ終わらない。

一度の人生〜
野望に挑戦できたのも、女房のおかげです。

モトアキ工芸　代表　本明　勝

一度の人生や！だから「三十歳で、必ず起業するぞ！」と豪語し、親友たちと夜通し語り合った。

時代は高度成長が流れ、立身出世を夢見る時代でもあった。そんな頃に結婚をし、私は二十九歳で女房は二つ下だった。私は、地元の中小企業の道路舗装会社の経理係長をするサラリーマンでした。女房は、生涯サラリーマンを全うしてくれるだろう優しそうな私と結婚をした筈なのだが・・・。

ところが、二十代はサラリーマンを全うし、三十代は実業家に、四十代は政治家を目指し、そして順調に目標が達成出来れば五十代以降は工芸の道を開いて雨読晴耕型の余生を楽しみたいなどの人生設計の野望を持っていたとは、女房はゆめゆめ感じていなかったと思います。

第一波が訪れたのが、新婚まもない頃・・私は三十歳を迎える時でした。私は、野望に向かって会社を突如退職する。これは、女房にとっては大変なショックであったと、後になり私もその心中を他から聞かされて解ったことでもある。それもその筈、女房は第一子を身ごもって、実家に里帰りをしていた時であった。

私は、敢えてプレッシャーを掛け、根は燃えたら止まらない性格だけに発想は豊かに湧き出て来る勢い、他に類のないことで世に貢献を成し、後世に残る事業を起こしたいと益々情熱を燃やし、以前から構想していた貸しレコード事業を立ち上げることと決断をしたのです。

北陸で初！と、金沢市内の一等地である武蔵の地に開業をするに至った。至難の業で難題を抱えての開業は、レコード業界から海賊盤事業と称されながら法廷闘争に持ち込まれ、老舗として事業は順調な中に約一〇年続き、その間東京とのパイプも構築され、それはそれで現在への財産とはなったが、最終的には廃業の道を辿った。

反面、時代は現在の大型のＣＤレンタル店へと変遷して行った。一時は自宅も購入し、ゴルフの会員権も手に入れ、左ハンドルにも乗って有頂天の時期もあったが、結

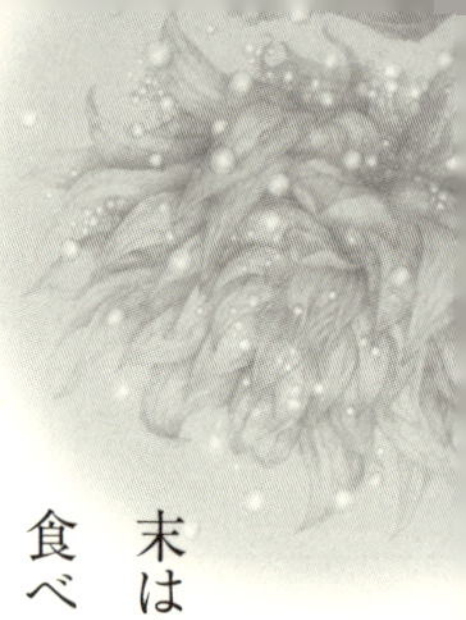

末は家庭の冷蔵庫など差し押さえられ、封印される始末であった。廃業処理に追われ食べて行く為に、中古のトラック一台で解体業の物まねをして、少々の日銭を稼いだ。しかし、女房からは奈落の中にも厳しい文句は聞かされることは無く、顔色も変えず日々弁当に、おにぎりを持たせてくれた。不慣れで汗まみれの作業服で、解体作業後の廃棄物を捨てる為に山奥の広大な処理場へ通う日課でした。昼食は常にそこの車中で取り、一人おにぎりをかじる目には、無情なものが込み上げる日々が続きました。

こうして、女房には、燃える生き様と枯れる姿を見せながら、三十代が終え、次の野望の四十代が始まった。ある日、知人で急成長したが縮小を余儀なくされた建設業の社長から立て直しを図って、ビルリフォームの新規事業の構想に誘いを受けた。そして、お受けし新規事業部署を任せられることになった。

収入ベースは日給から月給に変わり、女房にとっては少し安心のできる兆しが見え始め、パートで私の知人の会社に勤めながら、子育てと細々とではあるが家庭を盛り返してくれていた。そして、色々な方々の協力も頂き、目標の一つであった新築の自宅を建てることができるところにまでになった。

しかし、それも束の間、私の野望では四十代は政治家であった。幸か不幸か、そう意識をした訳でもないが不思議とそのレールが敷かれ始めていた。周囲を振り切り、私は金沢市議会に四十三歳で出馬したが地盤・看板・カバンも無い中での挑戦であり、結果は見事に、一度ならず二度の次点と言う苦渋を味わう事となってしまい、またも無職に陥った。

五十代を前に、この時こそ不安で惨めな状況はなかった。経済的にも困窮する中、選挙戦が終われば女房と翌日から敗北の挨拶回りと選挙事務所の整理と精算。一端は政治の世界からは身を引く。

当然、収入面も含め先が見えず暗中模索する中、予想もしない親族からの手が差し伸べられた。融雪装置の製造会社で社長は実の叔父である。急成長した会社であるが後継者が見えない独占企業であった。最初は、私では無く先に女房から誘われ、通勤も遠距離で女房は本意ではなかったが、事務・雑用をし、数ヶ月すると私に声が掛かった。

日頃は怖い叔父であったが、将来を見据えて腹を割って話す叔父の目に亡き父の姿が重なった。私は、叔父の救いの手の中に野望を捨て、女房に引っ張られるように叔父の会社に精勤した。約五年が過ぎ、再び女房は収入面でも安定はして来て、二人の子供たちに教育費が掛かる時でしたが、何とか二人に専門学校（長男）、大学（次男）を卒業させることも可能になった。そして、長男は就職氷河期でもあった不安な中に、自らがガラス工芸の修行をしたいと進み始めることになった。

少しは普通の家庭らしくなって来た時ではありましたが、私の人生設計の五十代の野望は、独自で工芸をやることであった。叔父に長男のガラス工芸の修行を相談すると、意外に快く賛成をしてくれて、私に長男の後押しをして支えてやれば良いと前向きに肩を押してくれた。私は水を得た魚の如く長男とガラス工芸の勉強に大阪へと通った。

叔父の会社では、私は役員として営業・企画を担当し雪国を歩いていたこともあり、叔父はその合間に長男の為にも時間を割いてやれと力添えをしてくれた。本当に励みとなった。叔父の教えから、きっと女房が影から黙って今日まで辛抱して来てくれた姿を見てのことに違いない、と諭された。お陰様で、ガラス工芸事業は順調に展開をして十数年の月日が過ぎ、現在に至っています。

女房は次男の将来にも配慮しながら、結婚三十五年の間で、私の脱サラ・起業・廃業・落選と誰しもが味わいたくもない幾多の苦境にも、試練とばかりに受け入れながら、常に明るく、楽しく、前向きに私を支えてくれた。
私の一度の人生の尊い挑戦は、女房のお蔭であると感謝をしています。最後に、こんな女房への気持ちを表すことの出来たこの機会に、心から重ねて感謝をしています。

合掌

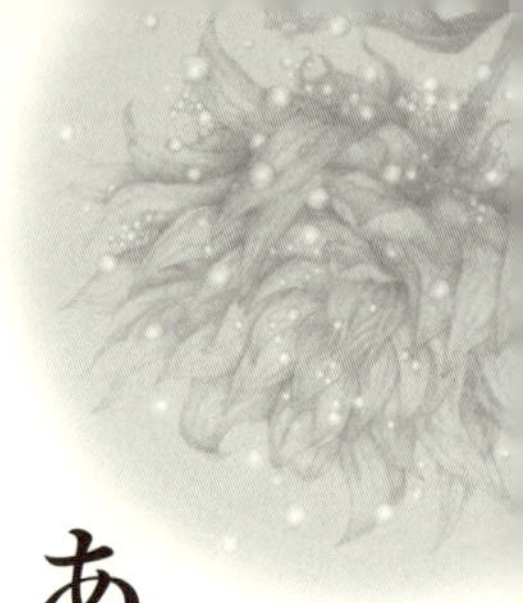

あなたの支えがあればこそ

ボタニック・ラボラトリー株式会社　代表取締役
森山　晃嗣

結婚して三十四年、三人の娘を産み育ててくれて女房にひたすら感謝している今日この頃です。

自営業で栄養講座を開催していた私は、毎週出張で、自宅へ帰るのは週に一度。台湾やアメリカへ出張の時は、二週間から三週間留守をしている状態でしたが、赤子を育てながら子供の食に注意を払い、私の代わりに電話対応から書類の発送、スケジュール管理まですごい仕事をこなしてくれました。

三〇代、四〇代は、自分の仕事上の問題や、そこで起こる感情に注意が向き、頑張って子育てから食事、掃除、経理事務までこなす女房を承認することもせず、大変な頑張りを当たり前のようにしていたことを思うと、「心でごめんなさい！」という私です。

六〇代になり、やっと自分の勝手気ままさを自覚するようになり、女房への感謝を感じる日々を過ごせるようになりました。

今あるのはあなたの支えがあればこそです。

ありがとう！女房さま！

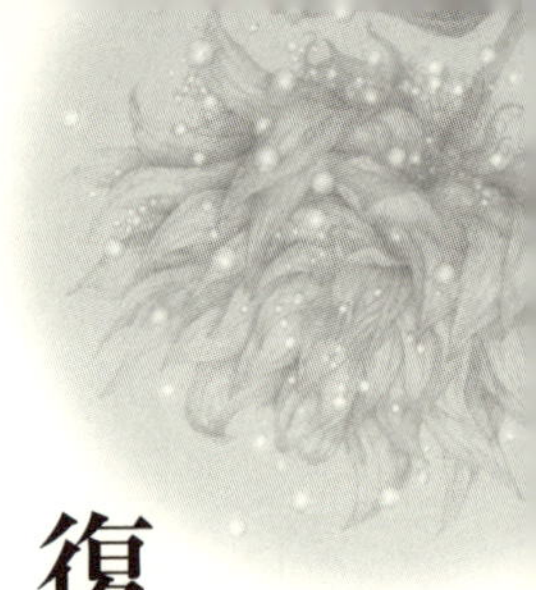

復活すると信じてくれたことに感謝

モバイオ株式会社　代表取締役　八木 秀明

「八木ちゃんについていけるの、彼女くらいじゃない？」

学生時代からの友達の女性にそう言われたのは、かれこれ二十数年前のことである。当時この女友達とまだ独身だった妻、その他数名で会社の立ち上げを画策していた私。向こうっ気が強く、好戦的だったからそういう風にからかわれたりしていた。

その時すでに社会人だった妻は、私の会社に株主として参画してくれた。当然創業時期は五里霧中で、滅入る事や悩む事、立ちどまる事もあったのだが、そういう話をしてもどこ吹く風、飄飄と「なんとかなるでしょ」と軽く往なされ、私も次第にそのペースに巻き込まれ、悩んでも仕方なしという起業家の資質らしきものが身についていった。

私たちが結婚したのは一九九八年、創業から七年たった年である。ようやく事業も軌道に乗り始め、売上も利益も上昇し出したころであった。

ちなみに周囲では「八木は（ファンである）横浜ベイスターズが優勝しなければ結婚しない＝結婚は無い」と言っていると専らの噂になっていたのだが、この年横浜ベイスターズが三八年ぶりの優勝をしたのはご愛嬌であろう。

そして結婚の六年後、私は投資の失敗で多額の損失を出してしまう。この一件で会社も家も、財産もかつてないピンチにさらされることになる。強烈なストレスで体が動かず、それでも何とか会社に行くのだが思うように事態が好転せず、「人はこういう時に死にたいと思うのかな。」などと憂いてる毎日だった。

だがそんな時でも妻は飄飄と、マイペースで日々過ごしていた。ある日店舗の電気代が払えない私を横目に好きなアーティストのライブに行く妻。「人の気も知らないで」と、苛立ち口論をして・・・。結局、「あれ？さっきまでの憂いは何処へ・・・」

と、仕組んでいるのかいないのか、とにかく妻のペースによって幾多の難局をなんとか乗り切ってきて今日の私がある。

妻はとにかく飄飄としている。がそれだけではない。「あなたの仕事のパートナー

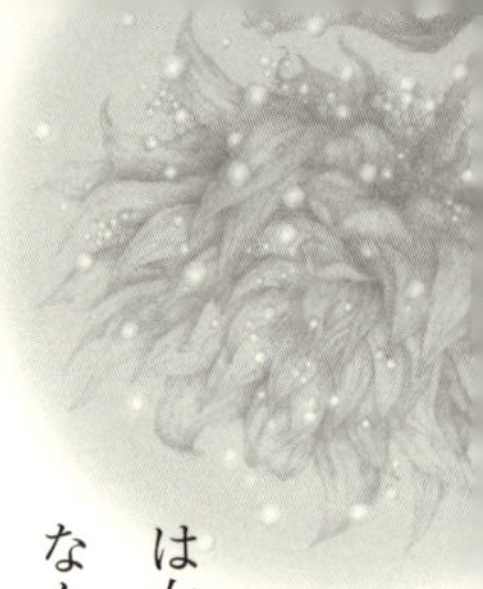

は女性であるべき」と綺麗な女性を薦めてきたり、女性と出張に行く時も「寝るだけなんだから一緒の部屋に泊まれば？」と言ってきたり、代議士の仲間から出馬を勧められた時には「政治家になるなら即離婚！」等々、常にマイペースというか泰然自若なスタンスを持っている。その独特の見解でほとんど私の行動に干渉してこない事は、同性にはすこぶる評判が良く羨ましがられている（笑）。

最近つくづく思うのは、結婚は日々過ごしやすい環境を創る事であって、互いの価値観を尊重、若しくは伸長させる能力を持った相手とすべきだと言うことだ。でもその判断を誤るから、三分の一のカップルが別れるし、結婚していても幸せではなくなってしまう。

私は運良くも起業してから結婚したので、妻も社長の仕事の厳しさを理解していたし、私の性格も十分把握していた。そして何より、たとえダメになったときでも復活すると信じてくれていたことに今はとても感謝したい。

そしてもう一つ、妻に感謝しなければいけないことがある。それは読書家の彼女の情報量だ。私はもともと広告のマーケティングや企画の専門が本業。だから本やメディアからの情報の仕入は大変重要で、故事成語からことわざ、雑学の領域まで知識が豊富である必要があるのだが、実は私の苦手なジャンル（化学とか異文化とかマンガとか）の情報ソースは妻である。また、双方が知り得る情報でも雑談の中から知識をブラッシュアップさせることができる希有なパートナーである。

だからと言って、もちろんお互いに足りないところもたくさんある。しかしそれはそれでいい。良きも悪しきも認め合いながら、妻よ、どうぞこれからもよろしくお願いします。日頃の感謝をこめて。

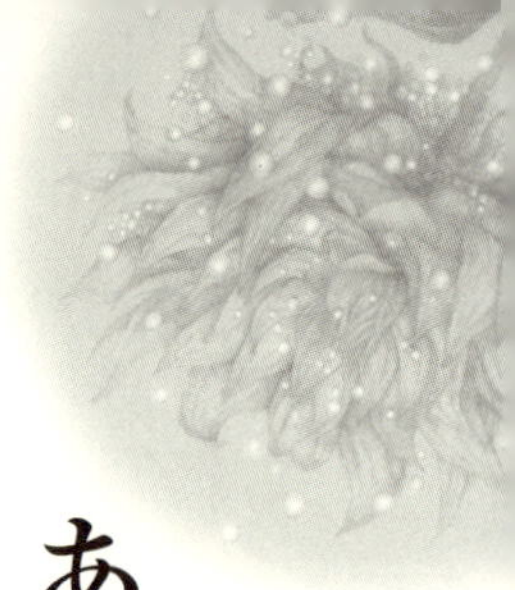

ありがとう、我が妻

柳内伝統音楽院　主宰　柳内 調風

思えば光陰矢のごとし、月日の経つのは真に速い。釣瓶落としに暮れて行く『秋の夕暮れ』の様な気がする。

縁あって結婚し何年になったであろうか？　真剣に数えた事すら無かったかも知れぬ四十年とは・・・。我々にとってはその位、諸事多忙であった。幸い二人の娘に恵まれ、子育てに粉骨砕身努力している貴女に、私は一体何を親身になり助力してきただろう？　甚だ自責の念にかられる始末ではある。

日本伝統音楽をライフワークとして定め、継続と維持のみならず「作曲」と云う「創造の世界」を模索する私は、決して良き「夫」では無かったはずである。今にして思えば全ての面で心理的度量が不足していたと恥じ入るのみである。なのに「男」は身勝手である。自負して言えば家族は私が全力で守り抜く・・・。とか言って自尊心を幾ばかりか擽ってきた。

貴女は、好まずとはいえ「姑」に仕え、環境に馴染むべく自我を極端に閉じ留め、雑事に追われながらも家業の日本音楽の修行に努め、立派に二人の娘を育て上げ、今や大学の講師にまでなり努力して来ている。只管、感謝の念「ありがとう」の一語に尽きる。正に「母」は強しである。

江戸時代の稀有の哲学者「佐藤一齋」の言志晩録『三学戒』に次の詩がある。

・少而学壮而有為（若くして学べば成人して何かをなす事が出来る）
・壮而学老而不衰（青年期から学べば老いても衰える事は無い）
・老而学死而不朽（年老いてから学び出しても死んでも朽ち果てる事はない）

私は人生全て努力と辛抱、そして何事にも前向きで謙虚な姿勢が肝要と心得る。生きて来た時間と共に芳醇な時間を共有出来る残り少ない時を大切に過ごそうと自戒の念を込めて思うのみである。最愛なる貴女と娘たち、そして孫たちと凝縮した「心」を甘受できるように・・・。

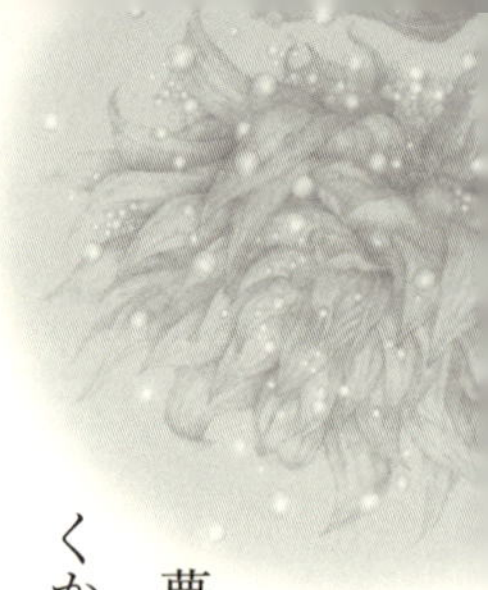

夢と理想は同意語のように思われがちだが、全く違う。「夢」は少し努力すれば届くかもしれないと云うわずかな可能性を秘めた魅力ある事象である。ドリームジャンボ宝くじは当選者は必ず出る。夢は不可能なことではない。方や「理想」はとても人間業では為し得ない事。例えば、月や星は手に入れる事は出来ないし、云わば考え方即ちビジョンやイズムとして高遠なものである。

理想という方向にベクトルを合わせ、夢に向かい限られた残存する時間を有意義に貴女と過ごす為に、今、真摯に向き合い心をこめて、私と過ごしてきた時間と素晴らしき友人達や恩人にお礼を述べ、親愛なる貴女と家族に『ありがとう』を連呼したい。

＊残されし時を想いて　今こそと
云うべし事は　ただありがとう　調風

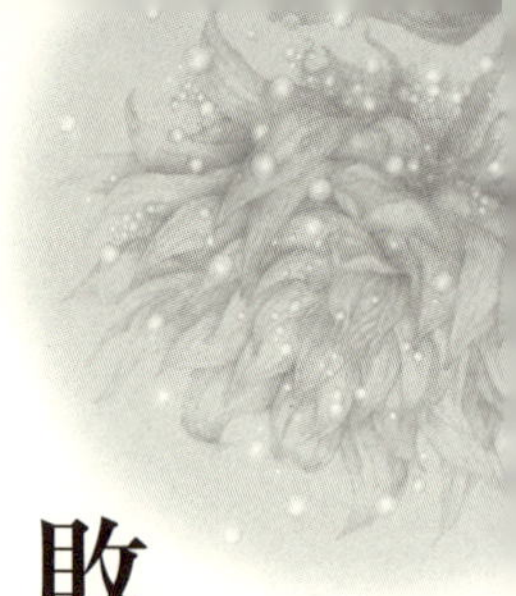

敗者復活の手紙　女房と歩んだ四十九年

株式会社潮流社　代表取締役
矢野　弾

家内との出会いは昭和三十七年。矢野経済大阪駐在常務として赴任した。大阪池田には父の妹小浜ワカエが住居していたが、時々呼ばれて夕食を御馳走になっていた。ある時お弟子さんの女性と食事に呼ばれた。叔母に勧められ交際を始めたが、二ヵ月後喫茶店に呼ばれ「今日で交際はやめたい。自分としてはもっと勉強をしたいことがある」と云われた。一言で言えば「振られた」のだ。「今までありがとうございました。」と言って別れた。

一か月後に義理の兄の山西から電話があり「一度会いたい」と矢野経済大阪支社に来社することになった。当日、分かったことは私が見合いの女性の母上に「この度機会があり小浜ワカエ叔母の紹介で交際をします。矢野弾です」と書面を出したが、これが近年珍しい青年となり山西兄が人物判断に見えることに相成った。

その日は大阪の南で三軒ハシゴをして愉快に飲んだ。大阪名物「てつチリ、てつさ」でボリュームも上がった。これで合格して敗者復活となり交際も再開し、遂に結婚までに辿り着いた。

家内は最強のパートナーである事を示しながら自己形成には、うまず・たゆまず・挫けずの姿勢を貫き今日を迎えている。一例は琉球舞踊を川田禮子先生につき学んで十一年になるが、予習、復習を欠かさない。学び上手はなかなかのもので脱帽である。

結婚式は賀屋興宣先生・春子夫人の媒酌が決まり、昭和四十年三月二〇日と決まった。ところが昭和三十九年一二月二四日、賀屋先生一同十名余、春子夫人が留守番役でクリスマスに出掛けて帰宅した。春子夫人は急性心不全で亡くなっておられた。媒酌人の奥様逝去で賀屋正雄、和子婿養子ご夫妻に急転直下お願いをして無事終えることができた。

ビックリヤさんだがものには動じない。家内三智子は宝塚を十年目に退団しエーデルワイスの三人娘の一人として芸術座で高島忠夫主役の人気出し物に締めくくりの出演をしていた。分かりやすく言うと「過ぎたる女房で、慌てない度胸を持っている」。これは大変な宝物だ。母の最期を看取るのに母が帰宅したいとの意思表示に家の内部を一ヶ月かけて車椅子が動けるよう段差をなくす工事を行い要所に手すりをつけ関東中央病院より帰宅させたが、その一年後に旅立ちをした。娘はアイルランドから成田帰着し、帰京電話を祖母と話をしたうえで亡くなった。まるでストーリーがあるみたいだ。宝塚一〇年の舞台度胸がこれを育てたと思っている。

葬儀は暮らしの友社の会員となっており備えていたが、湯灌には伴和夫社長ご自身がこられて執行された。

矢野弾ピンチの時はマンションを売り、手持ちの絵を売りさばき知らぬ世界も静かに踏み込んでいく。五年前は遂に家を建て直すことになり、多くの方のお世話になり三階建てを立ち上げたが、これに家内は鋭意専念した。昭和十三年この世田谷松蔭神社の地に住んで七十七年になるが、父母の地があってこそ出来たことで、これを立派に果たした。

今年で結婚四十九周年です。来年は金婚式を迎えるこの機会に歩みを自省してみると、もっと早く気付けば良かったということばかりで全く惜しい時をすごした。過ぎた女房がいなければ途中で沈をしていた。ありがたいことです。

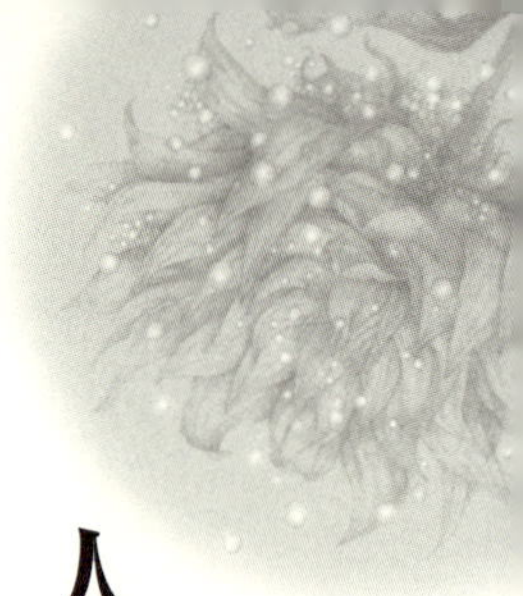

人生の「共」に感謝

株式会社日本マイケル　代表取締役
山崎　康晴

私は、結婚十一年目を迎えましたが、思えば二人の今日までを振り返った事がありませんでした。十一年と言っても諸先輩方と比べるとかなり短い期間ですので、多くは語れないですが、それなりに人生に伴侶を持つと言う事は大きな影響がありました。

私たちは、三十二歳と遅めの出会いで、三十三歳には結婚と一年以内で結婚に至りました。当時私は、現在と同じ旅行会社を始めたばかりの頃で、妻と共通の友人、特に先輩方からは「久美ちゃんと結婚して山崎はそれだけで株が上がった」と言われるほどしっかりものの妻でした。

妻はその頃は企業に勤め、私よりも年上と言う事もあり、社会人経験は私よりも長くその分しっかりしていたのかもしれません。

私はと言うと、親族系の会社に勤めた後での会社設立と言う事もあり、通常の社会経験（ある意味勤め人に無い経験は色々経験しておりましたが）は少ない状況でした。

そんな私にしっかり者の嫁ができ、今思えば、私の知らない角度からの意見を色々もらっておりました。正直自分で方向を決める時にはいつも嫁にも相談していたと思います。

人生において、まだたった一〇年ですが、少なからず嫁に心配をかける出来事もありました。まず大きな出来事としては、結婚一年目に私の会社の親会社の倒産がありました。会社としては資本はあまり入っていなかったので、さほど影響は大きく無かったのですが、私個人としては親会社にも所属しておりましたので、収入面ではかなり落ち込みがありました。

そんな時も妻は「結婚詐欺だ」と言って笑ってました、多分内心は不安だったに違いありません。結婚とはその先何が起こるか分からない船に一緒に乗る事、乗り漕いで行くもので、この頃から夫としての責任を強く感じたと思います。

そんなスタートの夫婦生活でしたが、その後も色々な出来事がありました。夫婦間のトラブルもありましたが、やはり仕事でのトラブルが印象に残っております。

芸能人ツアー企画でのその筋の方からの追い込み、社員の団体手配のミス（結構大きなミスでした）、ことあるごとに妻が支えてくれ、良いアドバイスもしてくれていました。

中でも強く印象に残る事柄は、あるお客様に起こった不祥事で、お客様をかばうかかばわないか選択を迫られる場面がありました、その時は私の周りの弁護士や古くからの付き合いの方にも相談したのですが、皆さんは「かばう様なことはしない方が良い」と言われた事がありました。

その時も妻に相談したのですが、妻は「あなたがすべきと思う様にすれば良い」と言ってくれました。私の決断は、皆さんと相談して「しない方が良い」と言われた事を実行してしまい、その結果、窮地に陥ってしまいました。ただ、この行動が後あと良い結果を生むことになったのです（運が良かっただけかもしれませんが・・・）。

私のお客様と関わりのあった会社は、弊社以外もたくさんあり、弊社以外はお客様をかばう事はしなかったとの事でした（この事は後で知りました）。弊社のみかばったため、お客様が最終的に弊社だけには迷惑が掛からない様、全力で対処して頂けました。その他の会社さんは恐らく弊社より厳しい状況になったと思われます。その方は大手企業の本部長さんでしたが、この事を処理後退社されました。すべてが終わった後に、最後に私と会いたいと私の家の近所まで来られた時、妻が私に「会ったらこう言ってあげて」と言った言葉がありました。「不幸中の幸いと思った方が良い、もっと年数が経過してからよりもよっぽど良い」と・・・。私は部長さんとお茶をしながらその言葉を言いました、彼が号泣したのを覚えています。家に戻り、「良かったね」の一言、私も深く反省しました。勿論、善意の第三者ではありましたが、思慮が浅く安易でした。

まだ人生では短い期間ですが妻と共に過ごし、たった二人ですが家族になれた気がします。振り返ればここ一〇年は苦労をかけてばかりでしたので私を支え、時には成長させてくれた妻にはこれからはもっと私から与える事の多い人生にすべく頑張って行きたいです。そして、六〇を迎える頃には「あなたと家族になって良かった」と言ってもらえる夫でありたい。「夫婦っていいもんだね」って言える家族でありたい。

最後に、久美子さん、これまで私の妻でいてくれて有難う、いつも味方でいてくれて有難う。まだまだな私ですがこれからも宜しく。

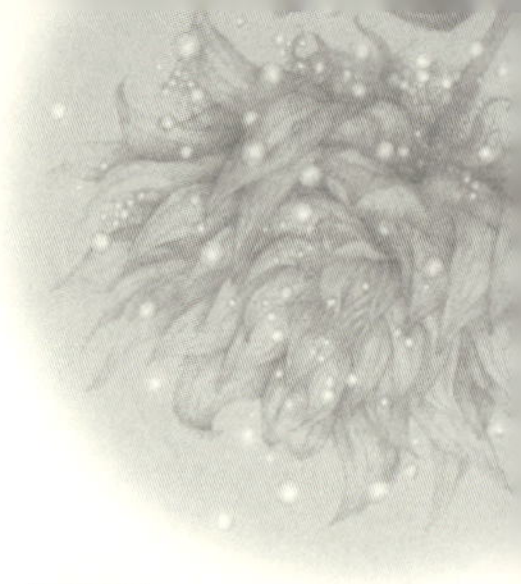

『親愛なるあなたへ』

株式会社クレディセゾン　常務取締役
山下 昌宏

一九八七年、四月十三日に結婚して以来、もう三〇年近く経ちました。思えば長かったようなあっという間のような月日です。

結婚してすぐ子供に恵まれ、小さい頃からの夢だったＤＪをしていた貴女は、仕事を辞めて育児に専念するために専業主婦になりました。

当時の私は収入も少なく、家計のやりくりは本当に大変だったと思いますが、実は私はそれをあまり感じたことがありません。車が好きな私が車を買う時や、友達の勧めでスキューバダイビングを始めたいと言った時も『いいじゃない、そうゆうのは大切よ』と賛成してくれました。

今思えば、きっと家計はそれどころじゃなかったはずなのに、何々をやっちゃダメと言われたことは一度もありませんでした。キャッシングをしては毎日飲み歩いていましたが、文句を言われたことは一度もありませんでした。ただ、『一〇万円を超える一回払いのキャッシングだけは、予定が立たないからちゃんと言ってください』と言われたことが一度だけありましたが。（笑）

家庭のことはすべてお任せで、子供の教育についても貴女に任せきりでした。貴女のおかげで長女も学校を卒業して立派な社会人になり、長男はこの春から大学院に通うまでに成長しました。

貴女は『やるときは集中しなさい』『学生生活を大いに楽しみなさい』と常日頃から子供たちに言っていましたが、『勉強しなさい』と言っていたことは一度もありませんでしたね。貴女がいなければ二人の子供たちをこんなに立派に育て上げることは出来なかったでしょう。

私とてそうです。転居を伴う数度の転勤にも当たり前のように家族でついてきてくれました。また、家ではほとんど仕事の話をしない私ですが、以前に他社様の前で二時間ほど講演をすることになり、何をどう話すか悩んでいた時に、『大丈夫、きっと立派にできるわ。だってあなたは私の主人ですもの』と言ってくれたのを今でも覚えてます。この時私は、一生この人についていこうと思ったものです。（笑）

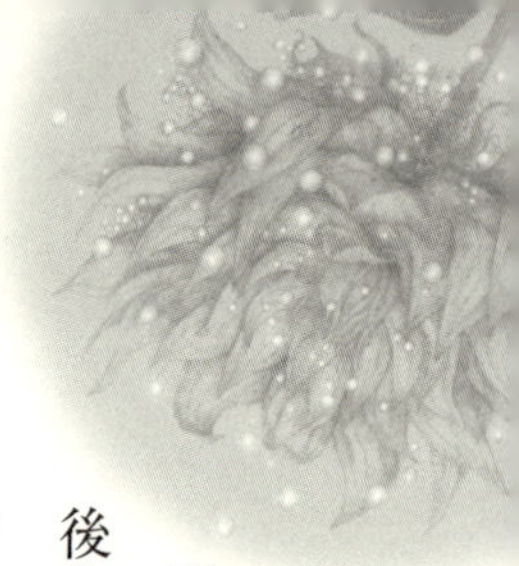

二人の子供に教育を受けさせてやることができ家庭を守り、今まで何とか他人様に後ろ指を指されず仕事をやってこられたのも貴女がいてくれたおかげです。そうでなければ私はきっと何処かでのたれ死んでいたに違いありません。（笑）

もうすぐ二人の子供たちも親元を離れ、それぞれの人生を自分達で切り開いて生きていくことでしょう。その時にまた二人に戻ります。普段は口に出したり態度で示したりするのが苦手な私ですが、今まで苦労をかけた分どこかで恩返しをしたいと思っています。

暫くすれば孫ができ、また賑やかな生活になると思います。健やかで楽しい第二の人生になるよう私も努力しますのでまた力を貸してください。

今までの二八年間に感謝と愛を込めて、昌宏より美和子へ。

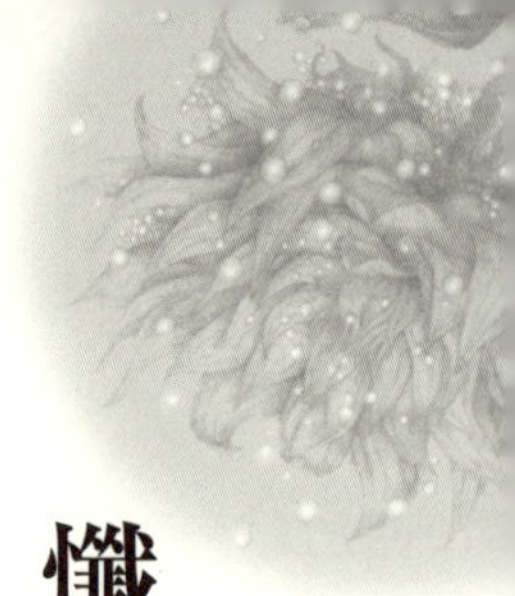

懺悔の日々！　感謝の日々！

株式会社メディカル・サーバント　代表取締役会長　山中 孝市

妻と私が結婚したのは、今から36年前。勤めていたＡＩＵでの社内恋愛でした。今でも思い出すのは、彼女が地下鉄の中で本を読んでいる姿です。「しっかりしている」「仕事を一生懸命やる」そして何より「可愛い」というのが、出会った頃の印象です。同僚にバレないように、ひっそりと付き合っていました。

27歳で独立すると、彼女は創業期の大変な時期の会社を手伝ってくれました。結婚後、身重になっても無理して働いた妻が流産してしまい、私は「社内に身内は入れない」と決めました。

その後も私は仕事、また仕事で、結婚式の打ち合わせには一度も顔を出さず、出産の時も病院に行きませんでした。夏休みや冬休みの家族旅行ですら、連泊している家族のなかで自分だけ「仕事が忙しい」と1泊で帰ってしまう。そんな夫に、文句一つ言わず、それどころか彼女はいつでも私のために、仕事をしやすい環境を整えてくれるのです。

子どもは３人。そのうえ長男にはハンディがあり、義理の母とも一つ屋根の下です。きっと様々な悩みや葛藤があったはずです。

けれども私が相談を受けたのは、長女が歌手になりたいと言い出した時、次男が野球で挫折した時くらいのもので、その他の悩みの一切合切を私の耳に入れぬよう、彼女がブロックしてくれたのです。

次男は幼少期を振り返り、「父に怒られたことがない」といいます。親子の絆が薄いのだと感じます。

家族を地元（戸塚）に残し、東京に単身赴任して30年。現在、妻と長男が住む家に帰宅するのは月に1、２度です。そんな私ですが、妻には本気で感謝しているのです。

ところで、私がビジネスにおいて信じるのは「行動」だけです。どんなに口先で良いことを言っても、行動が伴わない人は信用しないというスタンスで仕事をしています。けれども女房に対しては、「愛しているよ」と言いながら、まるで行動が伴っていません。だから懺悔の日々なのです。でも、本当に妻には感謝しており、仲間に

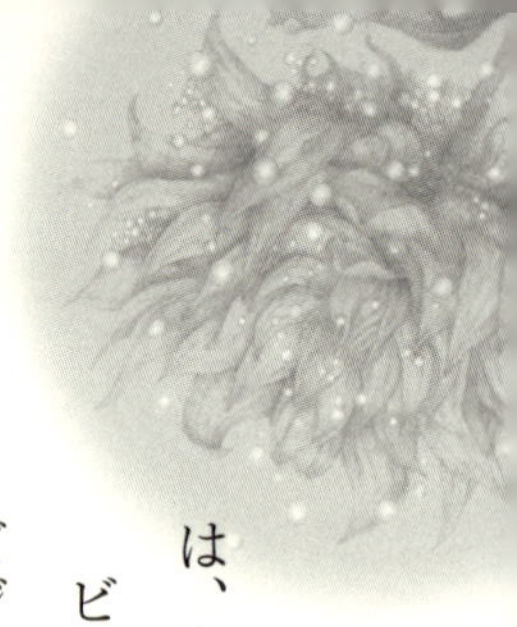

は、私の女房への感謝の言葉は耳にタコだと言われます。

ビジネスは「敗軍の将は兵を語らず」、絶対に勝たなければなりません。けれど、ビジネスに勝つことと幸せとは、また別のものだと思います。私は、「人間は幸せを求めて生きている」と思います。スタッフには「ビジネスは勝つ。しかし幸せは違う所にある、それは何かを見つけなさい」と言い続けているのですが、あるとき知人に「本当に奥さん、幸せなの?」と聞かれました。

妻は「幸せ」と言ってくれているけれど、本当にそう思っているのだろうかと、不安になりました。でも妻は私に「ありがとう」と言って、いつも感謝の気持ちを表してくれます。

育てた会社を売り、仕事を引退した時のこと、私はもぬけの殻のようになってしまった時期がありました。それまで相当な緊張感のなかで一日１００本もの電話を受けていたのが、いざ仕事が手から離れたとたん鬱っぽくなってしまい、人の電話にも出たくなくなってしまったのです。

「あなたは目的・目標がなくなったら、脱け殻になってしまう」

そう言って還暦を過ぎてから学生生活、さらに現在の仕事を応援してくれたのも妻です。私は青山学院の大学院に入学し、学生生活でまた元気を取り戻しました。20代30代の若い学生に混じって学び、山のような宿題をこなし、それまで秘書まかせだったブラインドタッチも覚えました。

大学院を卒業し、現在は下の世代の経営者たちとのビジネスを構築しています。

そんな中、私は「女房が床に臥せた場合は、絶対に看病する」ということを心に誓ってます。

私は家賃高額のマンションに住んでいるのに、彼女と長男が住んでいる家は、建て売りの質素な家。彼女が選んだのです。車も10年以上同じだったし、ブランド物も持ちません。女房に言っても「それでいい」というのです。

そんな彼女の言葉が、心に残っています。

「彼（長男）を見ていると涙が出て来ちゃう」

妻は長男のために小学校のＰＴＡを引き受けるなど、苦労してきました。今は長男が通う施設のボランティアスタッフとして、ずっと無休で働いています。

私が大学院に入学するとき、彼女はエールを送ってくれました。私も彼女の活躍を応援していきます。これからも妻と「エールの送り合い」をしていきたいです。

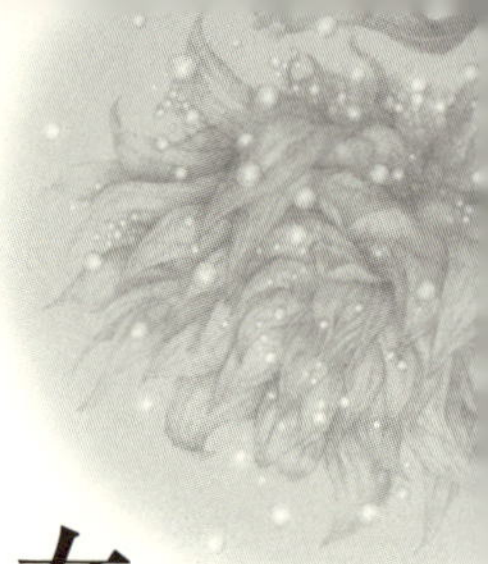

女神と天使

株式会社 M's club　代表取締役　山本 修義

僕はよく同じ夢を見る。女神が両手を広げて温かく僕を包んでくれる。真っ白い明るい空間で僕を包んでくれる。いつも同じ夢だから分かっている。女神の顔は慈予。優しくニコニコ微笑んでいる慈予の夢。

2年前のカテーテルアブレーションの手術のときもそうだった。だから全く不安を感じなかったし、起きたら側に慈予がいることも分かっていた。3年前の9時間におよぶ手術の際も夜中にも関わらず目を覚ましたら慈予がいた。僕は慈予に守られている。

でも僕は、慈予に寂しい思いばかりをさせてきた。

週6日、朝から終電まで仕事・仕事・仕事。休日といっても家で寝ているか何か予定が入り慈予とゆっくり話をする時間もない。「何のために結婚したのだか分からない。」「子供もいない私たちは何のために生まれてきたのだろう。」と悲しい思いをさせたことは何回もあった。しかも今回の手術後には心不全になりかけ、どれだけ不安な思いをさせたことだろう。

だから、回復に向かってきた僕の病院生活は慈予にとっては楽しかったのかもしれない。

普通は何もやることが無くてつまらない入院生活だけど、僕は一度も寂しさを感じたことがなかった。いつも面会時間になると笑顔で慈予がお見舞いに来る。12時になると息を弾ませながら笑顔で病室に入ってくる。自転車を颯爽と飛ばしてやってくる。こちらは丁度お昼の時間。塩分の少ない、決して美味しいといえない病院の食事を、「あら美味しそうな焼き魚」や「よかったね、大好きな杏仁豆腐で」など、僕に一生懸命元気を与えてくれる。「朝はちゃんと食べた？」毎日聞かれるが、今まで残したことは無い。出されたものは全部食べる。分かっているのに何故聞くのだ？

僕が食べている横で慈予も一緒に食事をする。作ってきたり、買ってきたりしたものをベッドの横で食べ始める。「これ食べる？」「何か食べたいものある？」。入院

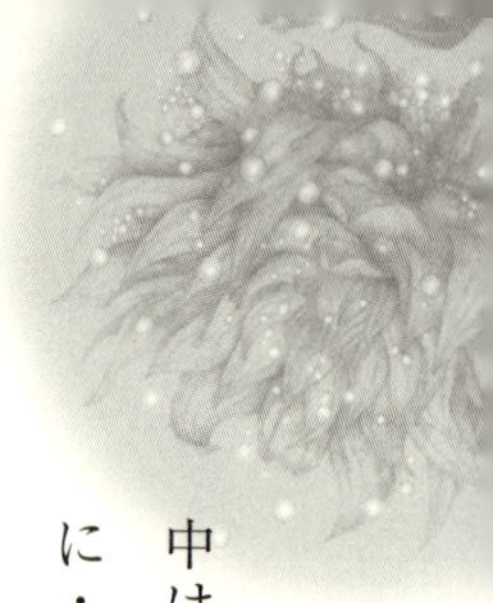

中は病院から出されたものしか食べないし、間食はしないのを知っているのに・・・。いつも会話は、昨日家に帰ってから今日病院に来るまでの話。風呂入って、洗濯して、来る途中に何を買ったか、しかないのに良く毎日同じ内容を話すものだ。

15時ぐらいになるとウトウトし始め、僕のベッドで昼寝を始める。僕は椅子に座って仕事を始める。どっちが入院しているのだか?でも寝ていてくれた方が仕事は捗る。嫌な気持ちは全く無い。逆にいないと寂しいかも知れない。

18時の夕食時はまたチェックされながらの食事。「同じおかずをいっぺんに食べないで少しずつ、バランスよく食べて。」「飲み物も一緒に飲まないと、飲み込めないよ。」

はいはい、いつも聞かされています。家には子供がいないから、僕が子供みたいなものなのだろう。

夕食の後は、インターネットをみたり、ビデオを見たりお互い好きなことをして、21時になるとまた「明日来るね。」と帰っていく。

雨の日も、暑い日も、毎日欠かさず見舞いに来る。

看護婦さん達の手前、恥ずかしいと言ってはみましたが、自分の気持ちを正直に言うと、嬉しかったです。とても嬉しかったです。

退院した翌日、慈予は僕の生涯で最も素敵なプレゼントをくれました。

そう、和花を授かりました。

我家にも天使が舞い降りてきました。

今では子育てに追われ、僕のことを気にかける余裕はなさそうだけれど、僕はいつも2人の愛に包まれて本当に幸せです。

ありがとう。

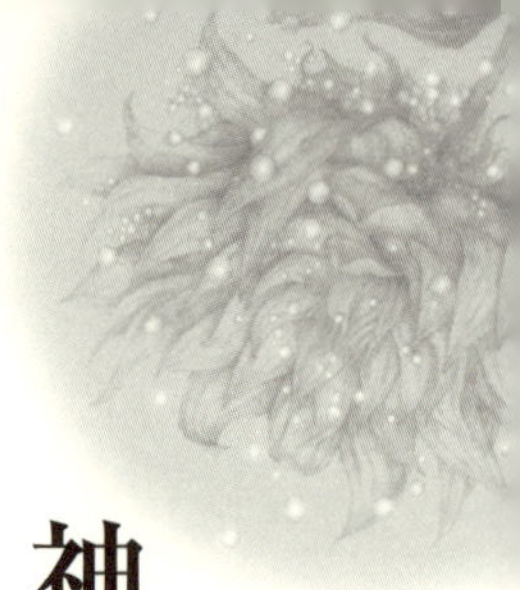

神頼み、妻頼み

マイベストサポート　代表
吉田　学

私と妻の出会いは、平成十一年頃、私が開業してオフィスを共有していた提携企業の派遣社員さんでした。まさかその時は、将来、この人と結婚するだろうなど、全く思っていませんでした。とても目がキラキラ輝いている女性という印象を今でも覚えています。

私は、経営コンサルタント業を営んでいますが、平成十三年に友人と一緒に立ち上げた会社を退職して、個人事務所として完全独立。同時に、（今の妻と）一緒にマンションを借りて同棲。仕事と私生活がいつも一緒で、妻は公私ともに私の支えです。今思うと、特に気の利いたプロポーズもなく平成十五年一月に結婚。何もドラマチックな流れもなく、大変申し訳ない気持ちで一杯になります。

私は妻から「たまには手紙でもちょうだい」って言われていましたが、手紙など書いたことがありませんが・・・。正直、とても恥ずかしいのですが、感謝の気持ちを込めて、妻あての形式で手紙を書こうと思います。

大切な妻へ

十年ひと昔と言いますが、あっという間の十年でしたね。今思うと、知り合って結婚する前からいつも心配をかけているような気がします。私は世間的には、「先生」などと呼ばれていて、外では紳士ぶっていますが、家では、ぐーたら旦那・・・。実は、いつか嫌われてしまうのではないかと戦々恐々としています（笑）。

そんな私といつも一緒にいてくれてありがとう！本当に感謝しています。

一緒に住むようになってから早十年があっという間に過ぎましたが、私にとって強く思い出に残っているある出来事があります。

起業当時、思うように仕事が上手くいかず、このままでは来月の家賃も支払えない！という時がありました。その時、家でいじけてゴロゴロしている私を無理やり外に連れ出して散歩をしましたね。そして、通りかかった神社でお祈りをしていました

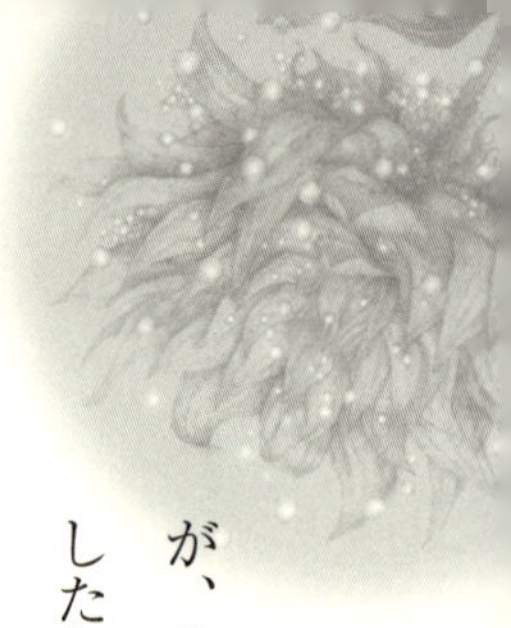

が、私は相変わらずいじけて神頼みすらしませんでした。もうアウトかな？と覚悟をしたときに、思いもよらない入金がありセーフ。神頼みと関係があるかどうかは分かりませんが、まさに妻頼み。この経験によって、「もう心配かけちゃいけない」と強く思ったのは間違いありません。

それと、何といっても平成十六年に最愛の娘が生まれたこと。私が甘やかしてばかりいるので、ちょっと我がままのような気がしますが・・・、家族三人で楽しく過ごせていることに毎日感謝しています。今もピアノの練習をしている音が聞こえていますが、この瞬間に幸せを感じています。こんな可愛い娘を産んでくれて有難う。これ以上の感謝はありません。

そして、この手紙を機に、三つの約束をしたいと思っています。

一．この本と一緒に（今年こそ）セルリアの花をプレゼントします。

二．健康のため、早寝早起きを心がけます。

三．健康に留意して長生きます。家族三人で長生きしましょう。

最後にたくさんの〝有難う〟を言わせてください。妻としてお母さんとして、そして、仕事の経理をしてくれて有難う。酔って帰りが遅いといつも心配してくれて有難う。いつも私の健康を気遣ってくれて有難う。私がふてくされて嫌味な態度をとっても、いつも笑顔で接してくれて有難う。その優しい笑顔と対応に何度も救われています。こんな私ですが、これからもずーっと一緒にいてください。

平成二十六年十月　吉田　学

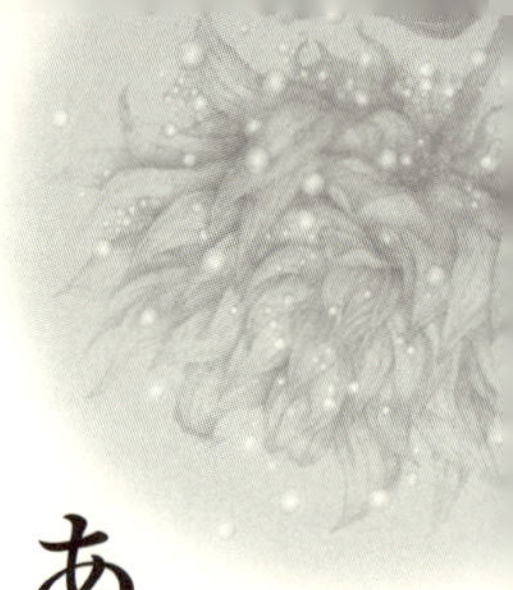

あなたと出会えたことに感謝！

株式会社わくわく製作所　代表取締役　吉原　三夫

今まで、このような執筆を依頼されたことが無かったので、正直なところ何から書いたら良いものか・・・。いつも側にいてくれる妻のことを改めて考えたことが無く、良い機会と思い、お引き受けした次第です。

振り返ってみると今年で結婚四十一年。年月の経つのは早いものです。

私は昭和二十一年生まれ、妻は昭和二十三年生まれ。戦後ベビーブームの始まりで、所謂、団塊世代一号です。今年、私六十八歳、妻六十六歳、一男二女をもうけ、孫三人の「じいじ」「ばあば」です。

妻は二十歳の頃に両親を亡くし、私とは大阪で出会い結婚。翌年に長女を出産後すぐに上京。東京には親戚、縁者も無く、子育て等について母親が生きていたら、いろいろと聞きたかっただろうにと思います。

そんな中、妻はよくぞ三人の子どもたちを元気で素直に育てあげ、三人とも最高学府（長女は音大、長男、次女は早稲田）を見事に卒業させてくれました。

また新婚生活も束の間で、ほとんど家庭を顧みず、一年の大半は出張で全国を飛び回り（北海道から九州まで全国のレコード屋さんを営業する傍ら、夜はアーティストのコンサート会場での新譜レコードの即売のお手伝い等）、たまに帰ると我が子の寝顔がその都度、変わって見える始末。

本当に子どものことは妻に何から何まで任せっぱなし。参観日や運動会など学校行事はほとんど出席したことが無く、子どもたちにも親父の思い出を聞くと「たまに帰ってくるおじさん」と言われたとか。父親失格と言われても仕方ありませんが、私がどんなに遅く家に帰ってきても、妻は子どもたちに「お父さんはあなた達のために毎日遅くまで頑張って働いてくれているのよ」と言ってくれていたようで、愚痴やら不平不満は一切言わなかったそうです。

また、私が会社に出かける際に家族全員で玄関まで見送ってくれる習慣など、本当に頭が下がりました。こんな親父を子どもたちが尊敬してくれるのは妻のおかげだと感謝しております。改めて振り返ると会社を立ち上げて四十五年間、頑張ってこられ

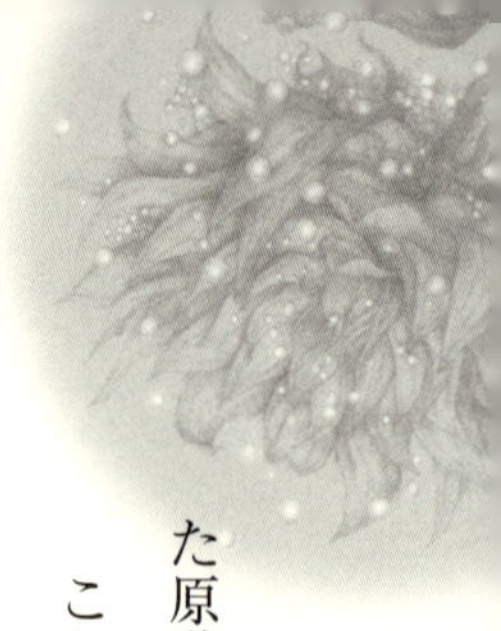

た原動力は妻の存在であると気付かされます。

これからは、妻が若い頃から行ってみたかった場所（尾瀬、奥入瀬）や東北三大祭りなどをゆっくり旅行できたらと思っています（妻はいつのことやらと言っておりますが）。ただ、仕事好きの性分はこの齢になっても変わらず、まだまだ実現しそうにありません。もう少し待って下さい。

あなたに出会えたことに感謝しつつ「有難う！わが女房！」。

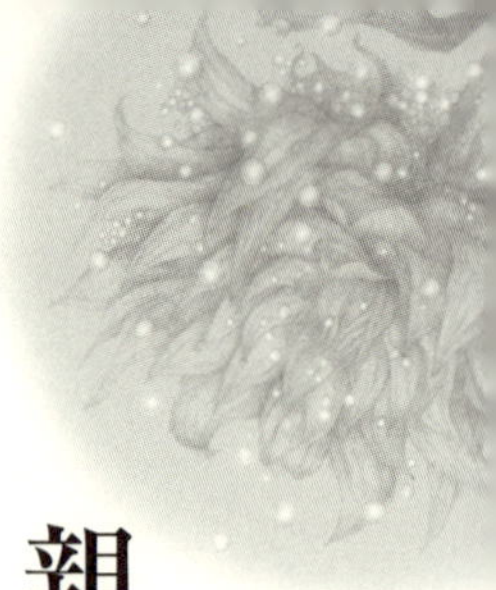

親愛なる妻へ感謝を籠めて

株式会社エクシード　代表取締役
渡邉　勝之

私が如何なる状況に置いても自分を見失う事無く真直ぐに前を向き判断や行動が出来るのは、家内あっての事です。書き始めから唐突になんだ?と思うかもしれませんが、家内と出会い、私は変わったと思うのです。

家内と出会う前の私は、優柔不断で常に後向きで、決断が出来ない人間でした。

その要因は私の生い立ちで勝手に自分が思い込みをしていたからです。

父は事業を営んでおり、バブルに乗って、持った事の無いお金を手にした時、お酒とギャンブルにはまり人が変わってしまいました。そんな父を母が見るに見かねて離縁し、母が昼は工場で働き、夜はお好み焼き屋で働きながら、女手一つで三人の子供を養っておりました。

母が働きに出ている間、家には十一歳の姉と私九歳と六歳の弟の三人で留守番をしており、その中でも私は長男ですので、幼心にも何かあっても誰も頼れないのだから長男の僕が、弟と姉を守らなくてはと怯えながら考えていました。

何かあったらどうしよう！どうしよう！と幾度となく考えるようになり、決断する際にも、これで何かあったらどうしよう！と考え、なかなか決断が出来なくなっていました。今思えば誰も求めていないのに、一人で勝手にプレッシャーを感じていたのだと思います。

そんな母が、二十年前に脳内出血により倒れ、病院へ駆けつけた私達に医師が一言。

『一命は取り留めましたが、身体に障害が残ると思います。』

私は一時放心状態になり、家内の『大丈夫？』の声で我に返り、今後の事を考えました。それというのも、先にも書いたように、母は離縁し独り身だった為、長男である私が生涯面倒を見ていく事を決めていたので、障害の残る母の面倒を家内も一緒に看させるのは余りにも酷と思い、しばらく考えた後『わかれよう』と伝えました。

すると家内は、『お母さんがどんな身体になろうが、お母さんはお母さんだから、一緒に面倒看ていく。』と真剣な目で私を見つめ言ってくれたのです。障害者になる

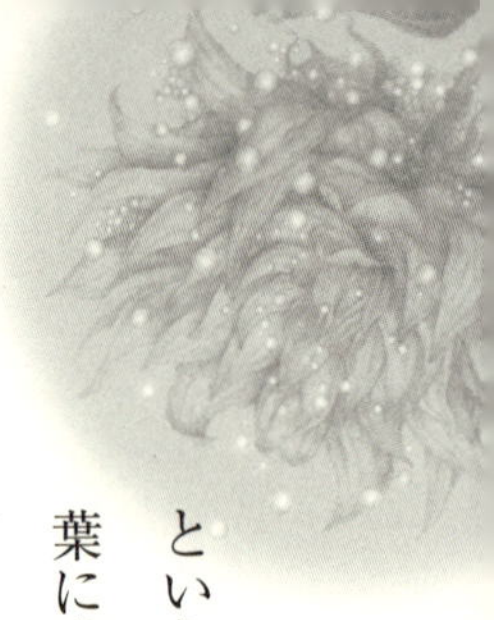

という事は、今までの母とはまるで別人・・・。と考えてしまっていた私は、その言葉に感銘を受け、家内の絶大なる覚悟と決心を鑑みました。その時初めて家内とならどんな困難も乗り越えられると確信したのを今でもはっきりと覚えています。

子供を授かり子供が成長する過程で、父親の愛情を知らない私は、子供の事を真剣に考えれば考える程、父親として子供へどの様に接して善いかわからずに戸惑っていると、『父親、父親と考えずに、愛情をもって人として接していけば良いんだよ。よく親の背中を見て子供は育つと言うじゃない。』と私に笑顔で話す家内とそばに居た子供を見て私は、家族に恥じる事の無い生き方をしてその背中を子供に見せようと、思いました。

その後数年が経ち、起業した際も不安とプレッシャーで顔つきが変わっている私を見て、『お父さんは、自分で決めた事は何があってもやり通す人だから私は何も心配してない、大丈夫だよ。』と私に優しく言ってくれたその言葉と表情で、我に返り自分で決断したのだから前に向けて突き進むのみと—。　全ての迷いが綺麗に吹き飛びました。

今思うと、幾度となく迷いそして道を間違えそうになり、その都度救われてきたのだと思います。私は迷い悩んだりした際も、普段言葉に出して伝えたりしないのですが、時折家内には何かわからない力・・・が、あるのではないのか?と思う程、タイミング良く声をかけてくれるので、あまり時をかけずに解決への糸口を見出すことが出来ているのだと感謝しております。だからこそ、私は今でも一直線に前を向いて進む事が出来、その姿に家族・社員が共感し支援してくれているのだと私は思います。

今、私は、起業し七年が経ち、未だに修業の身で社員やお取引先様からの勉強の毎日ですが、家内と母親そして四人の子供達に恥じない人生を送るよう前を向き胸を張って生きています。普段当たり前の様に私の傍に居て支えてくれている家内へ一言

『一緒になってくれてありがとう!そして俺は今でも愛してる。』

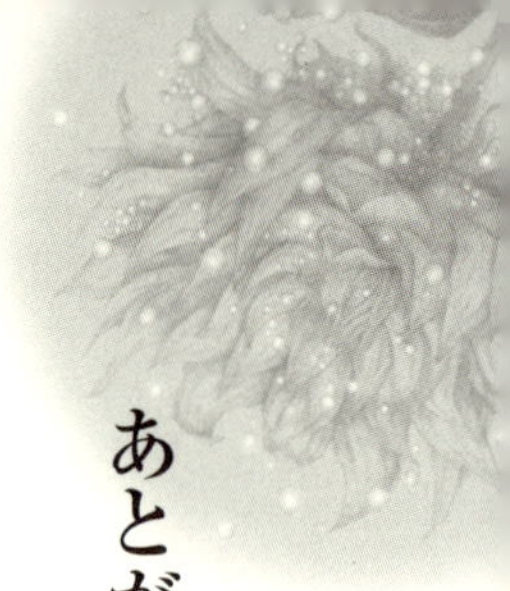

あとがき

「最後だとわかっていたら」

あなたが眠りにつくのを見るのが　最後だとわかっていたら
わたしは　もっとちゃんとカバーをかけて
神様にその魂を守ってくださるように　祈っただろう

あなたがドアを出て行くのを見るのが　最後だとわかっていたら
わたしはあなたを抱きしめて　キスをして
そしてまた　もう一度呼び寄せて　抱きしめただろう

あなたが喜びに満ちた声をあげるのを聞くのが　最後だとわかっていたら
わたしは　その一部始終をビデオにとって　毎日繰り返し見ただろう

あなたは言わなくても　分かってくれていたかもしれないけれど
最後だとわかっていたなら　一言だけでもいい…

「あなたを愛してる」と　わたしは伝えただろう
たしかにいつも明日はやってくる　見過ごしたことも取り返せる
やりまちがえたことも　やり直す機会がいつも与えられている

「あなたを愛している」と言うことは　いつだってできるし
「なにか手伝おうか？」と声をかけることも　いつだってできる
でももし　それがわたしの勘違いで　今日ですべてが終わるとしたら
わたしは　今日　どんなにあなたを愛しているか　伝えたい

そしてわたし達は忘れないようにしたい　若い人にも　年老いた人にも
明日は誰にも約束されていないのだということを
愛する人を抱きしめられるのは　今日が最後になるかもしれないことを

明日が来るのを待っているなら　今日でもいいはず
もし明日が来ないとしたら　あなたは今日を後悔するだろうから

微笑みや　抱擁や　キスをするための
ほんのちょっとの時間を　どうして惜しんだのかと

忙しさを理由に　その人の最後の願いとなってしまったことを
どうして　してあげられなかったのかと

だから　今日　あなたの大切な人たちを　しっかりと抱きしめよう
そして　その人を愛していること
いつでも　いつまでも大切な存在だということを　そっと伝えよう
「ごめんね」や「許してね」や「ありがとう」や
「気にしないで」を伝える時を持とう

そうすれば　もし明日が来ないとしても
あなたは今日を後悔しないだろうから

この詩は２００１年9月11日のアメリカ同時多発テロ事件で、救助のため最初にツインタワー内に突入したレスキュー隊員の一人で、行方不明になった消防士（29歳）が生前に記したものを、アメリカ在住の日本人が翻訳した詩です。

日本では、昔から出かける前に、奥さんが火打ち石を打って、厄除けをしたり、出かける前には、喧嘩をしないように戒めたりといった慣習や言い伝えがありました。

これは、ご縁のある方たちとの日々を大切に生きることを忘れないようにするための智恵であったと言えます。

本書にご寄稿いただいた方々、また読者の皆様にとって、「夫婦」の在り方をあらためて見つめ直し、日頃伝えることのできなかった『支え』に感謝をする機会となっていただけたら幸いです。

日本の良き夫婦に、敬意を表して。

株式会社いかしあい隊　　詩／「アスモ・たんぽぽ新聞」より抜粋

平成出版 について

本書を発行した平成出版は、優れた識見や主張を持つ著者、起業家や新ジャンルに挑戦する経営者、中小企業を支える士業の先生を応援するために、幅ひろい出版活動を行っています。

代表 須田早は、あらゆる出版に関する職務（編集・営業・広告・総務・財務・印刷管理・経営・ライター・フリー編集者・カメラマン・プロデューサーなど）を経験してきました。

また90年代にはマルチジャンルの出版をめざした会社を設立し、わずか５年間で40倍の売上高を達成、「サルにもわかる」シリーズ等、400点以上の書籍、100点以上の雑誌を発行しました。

その後、さまざまな曲折があり、新たに平成出版を設立。

「自分の思いを本にしたい」という人のために、自費出版ではなく新しい協力出版の方式を提唱。同じ原稿でも、クオリティを高く練り上げるのが、出版社の役割だと思っています。

本を出してみたい、と思われたら、その気持ちを大事にしてください。お気軽にメールでお問いあわせください。

book@syuppan.jp　　平成出版 編集部一同

女房在りて、この亭主在り

― 妻に伝えたい感謝の言葉 ―

平成27年（2015）１月１日　第１刷発行

編　著　いかしあい隊（株式会社いかしあい隊）

監　修　牛久保 洋次

発行人　須田　早

発　行　平成出版 株式会社

〒150-0022 東京都渋谷区恵比寿 南 2-25-10-303

TEL 03-3408-8300　FAX 03-3746-1588

平成出版ホームページ http://www.syuppan.jp

メール: book@syuppan.jp

発　売　株式会社 星雲社

〒112-0012 東京都文京区大塚3-21-10

TEL 03-3947-1021　FAX 03-3947-1617

編集・構成／徳留佳之、安田京右、近藤里実

協力／いかしあい隊（青木恵美子、雪井洋介、牛久保拓志 ほか）

イラスト／英之助

本文DTP／デジウェイ（株）内山操子

印刷／（株）NHIコーポレーション、（株）プラスコミュニケーション